U0475196

Q&As
FOR THE PMBOK® GUIDE SIXTH EDITION

项目管理知识体系指南(第6版)
疑难解答

美国项目管理协会 著
高 屹 译

电子工业出版社
Publishing House of Electronics Industry
北京·BEIJING

Q&As for the PMBOK® Guide Sixth Edition
ISBN: 978-1-62825-461-7 © 2017 Project Management Institute, Inc. All rights reserved.
《项目管理知识体系指南（第6版）疑难解答》© 2019 Project Management Institute, Inc. All rights reserved.

《项目管理知识体系指南（第6版）疑难解答》是 Q&As for the PMBOK® Guide Sixth Edition 的中文简体字翻译版，由 Project Management Institute, Inc.（PMI）授权翻译、出版、发行。未经许可，严禁复印。

商标提示

"PMI"、PMI 的标志、"PMP"、"CAPM"、"PMBOK"、"OPM3" 和 Quarter Globe Design 是 PMI 的商标或注册商标，已在美国等国家注册。欲知更多有关 PMI 的商标，请联系 PMI 的法律部门。

Trademark Notice

"PMI", the PMI logo, "PMP", "CAPM", "PMBOK", "OPM3" and the Quarter Globe Design are marks or registered marks of the Project Management Institute, Inc. in the United States and other nations. For a comprehensive list of PMI marks, contact the PMI Legal Department.

版权贸易合同登记号　图字：01-2018-2622

图书在版编目（CIP）数据

项目管理知识体系指南（第6版）疑难解答 / 美国项目管理协会著；高屹译. —北京：电子工业出版社，2019.1
书名原文：Q&As for the PMBOK Guide Sixth Edition
ISBN 978-7-121-35730-5

Ⅰ. ①项⋯ Ⅱ. ①美⋯ ②高⋯ Ⅲ. ①项目管理－知识体系－问题解答 Ⅳ. ①F224.5-44

中国版本图书馆 CIP 数据核字(2018)第 274405 号

策划编辑：刘露明
责任编辑：刘淑敏
印　　刷：北京虎彩文化传播有限公司
装　　订：北京虎彩文化传播有限公司
出版发行：电子工业出版社
　　　　　北京市海淀区万寿路 173 信箱　邮编 100036
开　　本：720×1000　1/16　印张：19　字数：238 千字
版　　次：2019 年 1 月第 1 版
印　　次：2022 年 2 月第 13 次印刷
定　　价：69.00 元

凡所购买电子工业出版社图书有缺损问题，请向购买书店调换。若书店售缺，请与本社发行部联系，联系及邮购电话：（010）88254888，88258888。
质量投诉请发邮件至 zlts@phei.com.cn，盗版侵权举报请发邮件至 dbqq@phei.com.cn。
本书咨询联系方式：（010）88254199，sjb@phei.com.cn。

Contents 目 录

问 题 部 分

引论 2

项目运行环境 10

项目经理的角色 15

项目整合管理 21

项目范围管理 27

项目进度管理 34

项目成本管理 43

项目质量管理 54

项目资源管理 61

项目沟通管理 69

项目风险管理 74

项目采购管理 82

项目相关方管理 88

附录 X3 94

附录 X4 97

附录 X5 103

术语表 106

解 答 部 分

引论 120

项目运行环境 131

项目经理的角色 141

项目整合管理 151

项目范围管理 162

项目进度管理 173

项目成本管理 190

项目质量管理 210

项目资源管理 220

项目沟通管理 232

项目风险管理 241

项目采购管理 255

项目相关方管理 265

附录 X3 274

附录 X4 278

附录 X5 287

术语表 291

问 题 部 分

引论

(PMBOK®指南第1章)

1. 项目是：

   A. 一组持续的活动中执行的一个过程或系统

   B. 只要客户满意，必定会有收益的活动

   C. 为满足客户和市场需要，正在从事的工作

   D. 为创造独特的产品、服务或成果而进行的临时性工作

2. 项目管理是：

   A. 关键路径法和挣值管理系统的整合

   B. 将知识、技能、工具与技术应用于项目活动，以满足项目的要求

   C. 将知识、技能、智慧、科学和艺术应用于组织活动，以实现最佳运营

   D. 大多数工程和其他技术领域的子集

3. 项目组合管理是指：

   A. 管理项目文件中所包含的各种内容

   B. 金融机构促进项目决策的管理水平

   C. 对一个或多个项目组合进行集中管理，以实现战略目标

   D. 把资源平衡法应用于各个组织级项目，实现组织级项目的战略目标

4. 以下都是关键相关方和项目经理在制定项目成功的测量标准时需要回答的问题，除了：

   A. 对于这个项目来说，成功是什么样子的？
   B. 如何评估项目成功？
   C. 沟通的需求是什么？
   D. 哪些因素可能影响项目成功？

5. 项目集是：

   A. 持续一年或不足一年的一组相关任务
   B. 被协调管理的一组相关的项目、子项目集和项目集活动
   C. 成本超过 100 万美元的项目
   D. 制定项目的一系列步骤

6. 以下对项目和运营的描述都是正确的，除了：

   A. 运营是一种生产重复性结果的持续性工作，它根据产品生命周期中制度化的标准，利用配给的资源，执行基本不变的作业。与运营的持续性不同，项目是临时性工作
   B. 项目需要项目管理活动和技能，而运营需要业务流程管理、运营管理活动和技能
   C. 项目与运营会在产品生命周期的不同时点交叉，在每个交叉点，可交付成果及知识在项目与运营之间转移，以完成工作交接

D. 由于项目的临时性，它不能帮助组织实现长期目标，因此组织中的战略活动一般通过正常的运营活动完成

7. 你的工作职责是使组件（项目、项目集或运营活动）符合组织战略，把它们组成项目组合或子项目组合，从而优化项目或项目集的目标、依赖关系、成本、进度、收益、资源和风险，这就是所谓的：

   A. 组件管理
   B. 过程管理
   C. 项目集管理
   D. 项目组合管理

8. PMBOK®指南适用于：

   A. 全部时段、一切项目的管理
   B. 多数时段、一切项目的管理
   C. 多数时段、多数项目的管理
   D. 某些时段、某些项目的管理

9. 通常按顺序排列的，而且有时会交叉重叠的项目阶段、阶段名称和数量取决于参与项目的一个或多个组织的管理与控制需要，这被称为：

   A. 项目瀑布
   B. 项目生命周期

C. 项目生命阶段

D. 项目管理过程组

10. 以下关于项目阶段和项目生命周期的描述都是正确的，除了：

    A. 相关方影响、风险和不确定性在项目启动时最大，它们的影响随着项目生命周期的发展而减少

    B. 风险与不确定性在项目开始时最大，并在项目的整个生命周期中随着决策的制定与可交付成果的验收而逐步降低

    C. 随着项目接近完成，变更和纠正错误的成本通常大幅增加

    D. 成本与人力资源投入水平在整个项目生命周期内保持稳定

11. 以下关于项目生命周期和产品生命周期的描述都是正确的，除了：

    A. 在预测型生命周期中，尽早在项目生命周期确定项目范围及交付此范围所需的时间和成本

    B. 在迭代和增量型生命周期中，随着项目团队对产品的理解程度逐渐提高，项目阶段有目的地重复一个或多个项目活动

    C. 产品生命周期是产品从概念到交付、成长、成熟并最终退出市场的一系列阶段

    D. 产品生命周期被包含在预测型项目生命周期内

12. 你管理着一个项目，准备应对大量的变更和相关方的持续参与，这个项目最适当的生命周期是：

    A. 预测型生命周期
    B. 适应型生命周期
    C. 瀑布型生命周期
    D. 配置管理生命周期

13. 五个项目管理过程组是：

    A. 规划、检查、指导、监督和记录
    B. 启动、规划、执行、监控和收尾
    C. 规划、执行、指导、收尾和调试
    D. 启动、执行、监督、评定和收尾

14. 项目管理过程组是：

    A. 在整个项目中重叠出现的活动
    B. 在项目的每个阶段，通常是以同样强度发生的相互重叠的活动
    C. 通常孤立的一次性事件
    D. 贯彻项目每个阶段，通常以同样强度发生的孤立性事件，或者反复发生的事件

15. 以下哪个是对项目管理过程之间的联系的最佳描述？

    A. 工作分解结构连接过程

    B. 过程通过计划的目标联系在一起，在项目、子项目或项目阶段中，一个项目的摘要目标通常会成为另一个项目的详细行动计划

    C. 过程由产生的输出连接，一个过程的输出通常会成为另一个过程的输入，是项目、子项目或项目阶段的可交付成果

    D. 各个过程之间没有明显的联系

16. 为使项目取得成功，项目通常应实现以下所有目标，除了：

    A. 实现相关方的满意

    B. 努力获得客户/最终用户的采用

    C. 采用项目管理过程组中的知识、工具和过程，一致地实现项目目标

    D. 实现其他商定的成功措施或标准

17. 以下都是关于项目商业论证的描述，除了：

    A. 职能型

    B. 一份列出项目目标和启动理由的文件

    C. 项目型

    D. 一份决定项目是否继续实施的重要文件

18. 以下都是收益管理计划的关键要素，除了：

    A. 工作分解结构（Work Breakdown Structure，WBS）

    B. 效益责任人

    C. 假设

    D. 战略一致性

19. 在整个项目中收集和分析了大量的数据。以下都是这些项目数据和信息的例子，除了：

    A. 工作绩效数据

    B. 工作绩效分析

    C. 工作绩效信息

    D. 工作绩效报告

20. 对大多数项目而言，裁剪是一个重要的工作。以下哪个是最不可能考虑的因素？

    A. 项目经理的技能和能力

    B. 每个项目都是独特的

    C. 解决竞争约束

    D. 项目治理水平各不相同

项目运行环境

(PMBOK®指南第 2 章)

21. 事业环境因素是指那些围绕或影响项目成功的内部或外部因素。以下对事业环境因素的描述都是正确的，除了：

   A. 事业环境因素包括组织文化、组织结构和过程
   B. 事业环境因素包括政府或行业标准，比如监管机构条例、行为准则、产品标准、质量标准和工艺标准
   C. 事业环境因素包括项目管理信息系统（如自动化工具，包括进度计划软件、配置管理系统、信息收集与发布系统或进入其他在线自动系统的网络界面）
   D. 事业环境因素不包括人事管理功能（如人员招聘和留用指南，员工绩效评价与培训记录，奖励与加班政策及考勤制度），因为这些属于人力资源部门的职能

22. 组织中包括以下类型的项目管理办公室（PMO）结构，除了：

   A. 支持型PMO担当顾问的角色，向项目提供模板、最佳实践、培训及来自其他项目的信息和经验教训
   B. 控制型PMO不仅给项目提供支持，而且通过各种手段要求项目服从
   C. 协调型PMO努力减少冲突，提高团队成员之间的和谐
   D. 指令型PMO直接管理和控制项目

23. 项目管理办公室的一个主要功能是通过各种方式向项目经理提供支持，包括以下全部，除了：

   A. 提供明确的项目目标，控制分配给项目的资源，满足项目

目标

B. 对 PMO 所辖的全部项目的共享资源进行管理

C. 识别和制定项目管理方法、最佳实践方法和标准

D. 指导、辅导、培训和监督

24. 以下都是组织知识库的潜在信息，除了：

    A. 用于收集和提供关于过程和产品的测量数据的指标

    B. 配置管理

    C. 对以前的项目有一定的了解，如项目绩效数据和经验教训

    D. 问题和缺陷管理数据

25. 以下都是外部环境因素，除了：

    A. 法律约束

    B. 组织价值和原则

    C. 竞争活动

    D. 经济情况

26. 组织过程资产影响项目的管理。以下哪项最好地描述了组织过程资产的重要类别？

    A. 组织知识库和过程

    B. 过程、政策、程序、工具和技术

    C. 组织知识库、过程、政策和程序

    D. 组织知识库、工具和技术

27. 组织在项目启动和规划过程中，进行项目工作的过程和程序包括以下所有内容，除了：

   A. 预先批准的供应商列表
   B. 跟踪矩阵
   C. 对项目管理过程和程序进行裁剪的指导方针
   D. 产品和项目生命周期，以及方法和程序

28. 组织在执行和控制过程中，进行项目工作的过程和程序包括以下所有内容，除了：

   A. 变更控制程序
   B. 问题和缺陷管理程序
   C. 资源可用性控制和分配管理
   D. 项目结束指导方针

29. 项目是在组织通过其结构和治理框架所施加的约束下运行的。系统因素包括以下所有内容，除了：

   A. 管理要素
   B. 治理框架
   C. 组织结构类型
   D. 项目管理过程

30. 各种系统组件之间的交互创建了对项目重要的组织文化和能力。哪个角色通常负责建立系统？

   A. 组织管理层
   B. 项目发起人
   C. 项目经理
   D. 项目团队

31. 治理是在组织中行使权力的框架。该框架包括以下所有组件，除了：

   A. 规则
   B. 政策
   C. 技术
   D. 关系

32. 以下关于管理要素的最佳描述是：

   A. 管理要素是构成组织中一般管理的关键职能或原则的组成部分
   B. 管理要素是指导如何在组织中执行项目的项目管理原则
   C. 管理要素由 PMO 建立，以指导项目的实施
   D. 管理要素受治理框架的影响，为项目的有效实施而建立

项目经理的角色

（PMBOK®指南第 3 章）

33. 在项目环境中，以下关于领导力的描述通常都是正确的，除了：

　　A. 有能力让一个群体为了一个共同的目标而努力，并像一个团队那样去工作
　　B. 是指通过他人来完成工作的能力
　　C. 尊重和信任，而非畏惧和顺从，是有效领导力的关键要素
　　D. 尽管领导力的重要性贯穿整个项目阶段，但是在项目收尾阶段特别需要有效的领导力，以确保相关方对项目进行验收

34. 项目经理的绝大多数时间都用于与团队成员和其他相关方的沟通。为了有效沟通，项目经理通常应做以下事项，除了：

　　A. 计算潜在沟通渠道的精确数量
　　B. 使用多种沟通方式开发精细的技能
　　C. 加入反馈渠道
　　D. 试图了解项目相关方的沟通需求

35. 以下都是文化的组件，除了：

　　A. 价值观
　　B. 规范
　　C. 智慧
　　D. 信仰

36. 当对项目进行整合时,项目经理的角色是:

    A. 与项目发起人合作,了解战略目标,确保项目目标和结果与项目和业务领域的一致
    B. 完成所有需要的工作,以获得项目批准并与团队沟通
    C. 完成项目章程,并获得项目发起人的正式批准
    D. 让团队参与集体活动,以促进团队合作,形成一个完整的项目组织结构

37. 执行整合是所有项目经理的基本技能,以下描述了执行整合的三个不同层面,除了:

    A. 认知层面
    B. 过程层面
    C. 复杂性层面
    D. 背景层面

38. 项目中的复杂性是许多不同组织行为的结果,复杂性的维度包括以下所有内容,除了:

    A. 系统行为
    B. 人的行为
    C. 不明确性
    D. 过程行为

39. 以下哪项最不可能是项目经理的角色？

   A. 项目启动前的项目相关活动的评估和分析
   B. 与商业领导商讨推进战略目标
   C. 协助业务分析、商业论证的制定及项目组合管理的各个方面
   D. 确保组织运转正常

40. 以下哪项最不可能在项目经理的影响范围内？

   A. 政府
   B. 项目团队
   C. 发起人
   D. 客户

41. 以下是项目经理的所有关键能力，除了：

   A. 技术项目管理
   B. 运营管理
   C. 领导力
   D. 战略和商务管理

42. 以下是管理和领导力的关键区别，除了：

   A. 直接与影响
   B. 关注系统与关注关系
   C. 接受现状与挑战现状

D. 专注于项目活动与强调结果

43. 领导和管理的最终目的是办好事情，而权力扮演着重要的角色。以下哪项最恰当地描述了各种权力？

    A. 地位、威望、个性、文化和关系
    B. 地位、个性、关系、出于愧疚、信息和专业知识
    C. 参考、个性、专业知识和文化
    D. 地位和施加压力

44. 个性是指个体在思维、情感和行为方式上的不同。以下哪项是项目经理最不合适的特征？

    A. 真诚、有礼貌、创意、文化和情感
    B. 知识、管理、政治、服务和社会
    C. 真诚、管理、服务、社会和系统化
    D. 复杂性、有礼貌、知识、文化和管理

45. 项目经理展示不同的领导力风格。以下哪项不属于领导力风格？

    A. 放任型
    B. 动机型
    C. 魅力型
    D. 服务型

46. 以下展示了复杂性的所有特征，除了：

　　A. 包含多个部分

　　B. 包含高风险部分

　　C. 显示各部分之间的动态交互

　　D. 表现出突发性行为，不能简单地解释为简单的部分之和

47. 项目经理就像一个大型交响乐队的指挥，除了：

　　A. 他们都对团队的最终结果负责

　　B. 他们都与团队沟通

　　C. 他们需要整合多个学科

　　D. 他们需要成为一个专家，或者对方方面面都了如指掌

项目整合管理

(PMBOK®指南第 4 章)

48. 以下哪个过程属于项目整合管理?

   A. 制订项目管理计划

   B. 控制范围定义

   C. 审查范围验收

   D. 开展采购监测

49. 以下都是项目章程的特性,除了:

   A. 它正式授权一个项目

   B. 项目由项目以外的实体来启动,项目启动者或发起人应该具有一定的职权,能为项目获取资金并提供资源

   C. 它主要为一个项目或一个特定的项目阶段竞标

   D. 它授权项目经理在项目活动中使用组织资源

50. 以下都是关于项目管理信息系统特性的描述,除了:

   A. 它是环境因素的一部分

   B. 它提供下列工具:进度计划工具、工作授权系统、配置管理系统、信息收集与发布系统或进入其他在线自动化系统的网络界面

   C. 它被用于指导和管理项目工作的一部分

   D. 它被项目经理和项目管理团队主要用于给关键相关方生成报告

51. 以下哪项不是实施整体变更控制过程的工具与技术？

   A. 专家判断
   B. 变更控制会议
   C. 变更控制委员会负责审查、评价、批准、推迟或否决项目变更，以及记录和传达变更处理决定
   D. 项目计划更新

52. 你管理一个 1 000 万美元的项目，以下哪项是重新确定项目基准的可接受原因？

   A. 客户已经批准了项目范围以外的 15 万美元预算，以及延长两周工期
   B. 承包商公司制订了一个质量保证计划，承诺在未来一年花费 100 万美元
   C. 设计部门的生产率低于预估，造成 1 000 小时的额外工作预算，并且预计工作将推迟两周完成
   D. 执行组织的工程部门更换一套新的、价值 25 万美元的 CAD 系统

53. 配置控制关注：

   A. 在项目实现的功能区域识别和纠正出现的问题
   B. 可交付成果及各个过程的技术规范，而变更控制着眼于识别、记录、批准或否决对项目文件、可交付成果或基准的变更

C. 测试新系统

D. 识别、记录和控制对项目和产品基准的变更，而变更控制着眼于可交付成果及过程的技术规范

54. 变更控制委员会是：

A. 正式的相关方组织，确保只有少量变更发生在项目期间

B. 正式或非正式的相关方组织，负责监督项目执行

C. 正式组成的团体，负责审查、评价、批准、推迟或否决项目变更，以及记录和传达变更处理决定

D. 一个指示图，提供综合信息，在整个项目生命周期内帮助控制成本、进度和规范

55. 包含在执行整体变更控制过程中的一些配置管理活动所列如下，除了：

A. 识别与选择配置项，从而为定义如核实产品配置、标记产品和文件、管理变更和明确责任提供基础

B. 见识资源变更，确保资源在整个项目生命周期内得到高效利用

C. 配置状态记录，为了能及时提供关于配置项的适当数据应记录和报告相关信息

D. 通过配置核实与配置审计，可以保证项目的配置项组成的正确性，以及相应的变更都被登记、评估、批准、跟踪和正确实施，从而确保配置文件所规定的功能要求都已实现

56. 为向下一阶段或向生产和（或）运营部门移交项目的产品、服务或成果所必需的行动和活动是：

   A. 结束项目或阶段过程的一部分
   B. 质量管理过程中概述的计划
   C. 高级管理层的要求
   D. 项目管理的最后一步

57. 以下全部是监控项目工作过程的输出，除了：

   A. 变更请求
   B. 项目管理计划更新
   C. 工作绩效报告
   D. 最终的产品、服务或成果的移交

58. 以下都是管理项目知识过程的输入，除了：

   A. 可交付成果
   B. 知识管理
   C. 经验教训登记册
   D. 项目管理计划

59. 以下都是知识管理过程的工具与技术，除了：

   A. 讨论论坛
   B. 讲故事

C. 工作跟随和跟随指导

D. 回归分析

60. 经验教训文件通常包括以下全部内容，除了：

A. 问题的起因

B. 更新的工作说明书，以反映培训和学习的需求

C. 选择特定纠正措施的理由

D. 有关沟通管理的其他经验教训

项目范围管理

（PMBOK®指南第 5 章）

61. 以下关于项目范围管理计划的描述都是正确的，除了：

　　A. 它是项目或项目集管理计划的组成部分

　　B. 它描述如何定义、完善、监控和纠正项目的范围

　　C. 基于项目要求，它可以是正式的或非正式的，非常详细或高度概括的

　　D. 它与项目管理计划不相关

62. 收集需求是为实现项目目标而确定、记录并管理相关方的需要和需求的过程。以下关于这个过程的描述都是正确的，除了：

　　A. 项目的成功直接受到相关方参与发现和分解需求的影响，以及在确定、记录和管理产品、服务或项目结果的需求方面所采取的谨慎措施

　　B. 需求将成为工作分解结构的基础。需求也是成本、进度和质量规划的基础，有时也是采购工作的基础

　　C. 收集需求从分析项目章程、风险登记册及相关方管理计划中的信息开始

　　D. 需求需要被引导、分析和记录足够的细节，以包含在范围基准中，并在项目开始执行时被充分利用

63. 你为你的项目收集需求，使用相关方登记册完成以下所有活动，除了：

　　A. 识别那些能够提供需求信息的相关方

　　B. 获得项目相关方的主要需求

C. 获得项目相关方的主要期望

D. 评价与产品分解结构相关的每个关键相关方

64. 你编制一个文件，用以把产品需求从其来源连接到能满足需求的可交付成果，并且把每个需求与业务目标或项目目标联系起来，以确保每个需求都具有商业价值。这个文件是：

A. 配置管理系统

B. 商业论证

C. 新产品研发矩阵

D. 需求跟踪矩阵

65. 定义范围过程的输出是：

A. 工作分解结构

B. 资源分解结构

C. 项目范围说明书

D. 范围和进度延迟控制计划

66. 以下关于项目范围说明书的描述都是正确的，除了：

A. 它是确认范围过程的输出

B. 它详细描述了项目可交付成果和为得到对应成果需要完成的工作

C. 它提供了项目相关方对项目范围的一般理解

D. 它会明确某些范围是被排除在外的，这有助于管理相关方期望

67. 以下关于工作分解结构的说明正确的是：

A. 对项目团队为实现项目目标，创建所需可交付成果而需要实施的全部工作范围的层级分解

B. 工作分解结构是用图表方式表现的项目活动清单

C. 工作分解结构和组织分解结构是一样的

D. 工作分解结构是用于达成项目目标，并得到需要的可交付成果所必需的材料清单

68. 以下属于团队定义范围过程中的制约因素的是：

A. 来自客户或执行组织的确定预算或进度里程碑计划中的强加日期

B. 承包商的罢工威胁

C. 当前与卖方、供应商或其他供应链的关系

D. 测量项目绩效的方法

69. 以下属于定义范围过程输入的是：

A. 合同细节语言的类型

B. 项目章程

C. 工作分解结构

D. 分解

70. WBS 的典型应用是：

A. 组织和定义项目的全部范围

B. 识别项目可能的发起人

C. 定义卖方提供给买方的报告水平

D. 工作元素分配给个人记录

71. 以下关于 WBS 的描述正确的是：

A. WBS 是甘特图的另一种表现形式

B. WBS 每下降一个层次，就意味着更多项目的工作细节被定义

C. 工作分解结构中没有工作，工作是被定义在项目范围说明书中的

D. WBS 只显示关键路径活动

72. 以下关于确认范围过程的描述正确的是：

A. 这是一个正式接受项目可交付成果的过程

B. 如果项目按时并在预算内完成，那么这个过程就没有必要了

C. 只在项目的范围发生修订或变更时才使用

D. 验证范围主要与可交付成果的正确性有关，而质量控制与可交付成果被接受及满足可交付成果质量需求有关

73. 你管理一个全球项目，涉及多个国家、地区的相关方，参考WBS词典，你可能发现：

    A. 项目中使用的技术术语的翻译
    B. WBS中每个组件的可交付成果、活动和进度信息的细节
    C. 在编制WBS过程中，不同国家在法律合同方面的信息
    D. 关键相关方的优势、劣势、机会和威胁对项目WBS的影响

74. 以下哪项不是控制范围过程的输出？

    A. 工作绩效信息
    B. 变更请求
    C. 项目文件更新
    D. 验收的可交付成果

75. 以下关于控制范围过程的说明都是正确的，除了：

    A. 控制范围是监督项目和产品的状态，管理范围基准变更的过程
    B. 控制范围是用于管理实际发生的变更，并对其他控制过程进行整合的过程
    C. 制定简明精细的规范并严格执行就可以避免范围变更
    D. 项目范围控制包括确定与范围基准偏离的程度及造成这种偏离的原因，并决定是否采取纠正或预防措施

76. 以下哪项描述是在新产品/服务/结果准备好后，临时的和在更长的时间内需要的能力？

    A. 业务需求

    B. 解决方案需求

    C. 质量需求

    D. 过渡和就绪需求

77. 敏捷范围规划在什么时候特别有用？

    A. 解决方案需求一直在涌现

    B. 质量需求不稳定

    C. 业务需求不稳定

    D. 项目开始时，范围被很好地理解

项目进度管理

（PMBOK®指南第 6 章）

项目进度管理

78. 滚动式规划：

A. 关注长期目标，而将近期目标作为滚动规划的一部分

B. 详细规划近期要完成的工作，同时在较高层级上粗略规划远期工作

C. 对 WBS 底层那些未来远期的工作包做详细规划

D. 为了确保 WBS 可交付成果和项目里程碑实现，在制订战略计划时，应该详细规划活动的不确定性

79. 紧前关系绘图法：

A. 是一种技术，用节点表示活动，用一种或多种逻辑关系连接活动，以显示活动的实施顺序

B. 是一种通过概率获得项目进度活动的方法

C. 是用箭线图表示的时间阶段图，显示项目活动持续时间及活动之间的依赖关系

D. 在项目活动持续时间不确定的情况下，比关键路径法更准确

80. 活动持续时间受以下情况影响，除了：

A. 估算活动资源需求

B. 分配给活动的资源类型

C. 分配给活动的资源可用性

D. 对进度活动使用紧前关系绘图法，而不是关键路径法

81. 通过增加资源，以最小的成本增加来压缩进度工期的进度压缩技术被称为：

   A. 赶工
   B. 计划评审技术
   C. 紧前关系绘图法
   D. 快速跟进

82. 进度压缩技术中的"快速跟进"涉及：

   A. 使用工业工程技术来改善生产过程，从而比计划更早地结束项目
   B. 将正常情况下按顺序进行的活动或阶段改为至少部分并行开展
   C. 通过持续的强制加班来使项目符合进度要求或提前完成
   D. 给关键路径活动分配"专用团队"，以促进项目进度目标的实现

83. 以下属于强制依赖关系的例子是：

   A. 基于知识或特定应用领域的最佳实践的依赖关系
   B. 基于项目中某些不寻常的，需要确定特定顺序的依赖关系
   C. 在建筑项目中，上层建筑必须基于基础已经完成修建
   D. 在软件研发项目中，必须在所有项目需求完成并得到批准后，才能开始设计工作

项目进度管理

84. 定义活动过程的输入是：

A. 进度管理计划、工作分解结构、项目进度计划和网络图

B. 项目进度计划、资源估算、进展报告和变更请求

C. 范围管理计划、项目网络图、制约因素和假设条件

D. 进度管理计划、范围基准、事业环境因素和组织过程资产

85. 对于项目进度，横道图显示：

A. 活动的努力水平

B. 项目活动中可获得的资源供应

C. 活动的起止日期，也就是这个活动预计的持续时间

D. 活动的相对优先级

86. 紧前关系绘图法显示：

A. 不同层次的工作分解结构

B. 可能参与项目整合和资源分配过程的活动

C. 存在于不同活动之间的逻辑关系

D. 基于正常资源可用性的项目完成日期

87. 关键路径是通过计算以下哪组数据得到的?

A. 开始到开始、开始到完成、完成到完成、完成到开始

B. 最早开始、最早完成、最晚开始、最晚完成

C. 紧前活动到紧后活动、紧前活动到紧前活动、紧后活动到紧

后活动

D. 主要活动到次要活动、主要活动到结束、次要活动到次要活动、结束到结束

88. 以下关于资源平衡的描述都是正确的，除了：

A. 它可以在一定时期内使资源的使用保持在一个恒定的水平

B. 它往往引起原有关键路径的改变

C. 它被用来制定一个以资源为基础的 WBS

D. 它是一种资源优化技术，可根据资源供需情况调整进度模型

89. 作为排列活动顺序过程的一项工具与技术，提前量：

A. 直接导致紧后活动的延期

B. 可能通过带滞后时间的完成-开始关系实现

C. 意味着紧前活动没有完成时，紧后活动不能开始

D. 是相对于紧前活动，紧后活动可以提前的时间量

90. 三点估算法使用：

A. 一个乐观的、一个悲观的、一个最有可能的估算值来进行估算

B. 乐观的加权平均值，以及最有可能的估计，计算活动的预期持续时间

C. 虚拟活动表示三个或多个活动之间的逻辑链接

D. 自由浮动，而不是总浮动时间计算

91. 类比估算是：

A. 当关于项目的细节信息数量有限时，经常用于估算项目持续时间

B. 一种自下而上的估算技术

C. 基于多个时间估算

D. 在估算活动持续时间时，比专家判断更准确

92. 一项活动持续时间的三个估算值如下：最乐观时间=4 周，最可能时间=5 周，最悲观时间=9 周。使用传统的贝塔分布下的计划评审技术，技术预期的活动持续时间是：

A. 4.0 周
B. 4.5 周
C. 5.5 周
D. 6.5 周

93. 一项活动的持续时间信息如下：预期活动时间=5 周，最乐观时间=4 周，最悲观时间=8 周。使用传统的贝塔分布下的计划评审技术，最可能的活动持续时间是：

A. 4.0 周
B. 4.5 周
C. 5.0 周
D. 6.0 周

94. 一项活动持续时间的三个估算值如下：最乐观时间=6 周，最可能时间=9 周，最悲观时间=15 周。使用三角分布计算的预期活动持续时间是：

   A. 10.0 周
   B. 10.5 周
   C. 11.5 周
   D. 12.0 周

95. 项目网络图中的一项活动有如下特征：ES=5，EF=10，LF=14，那么 LS=：

   A. 9.0
   B. 10.0
   C. 11.0
   D. 12.0

96. 网络图中的一项活动有如下特征：ES=12，EF=22，LS=14，ES 和 LS 涉及活动的起始日期，EF 涉及活动的完成日期。这项活动的持续时间是：

   A. 8.0
   B. 11.0
   C. 12.0
   D. 14.0

97. "赶工"在进度管理中的含义是:

　　A. 通过增加资源,以最小的成本增加来压缩进度工期的一种进度压缩技术

　　B. 将正常情况下按顺序进行的活动或阶段修改为至少是部分并行开展的进度压缩技术

　　C. 及时输入数据来计算关键路径

　　D. 在项目进度网络中减少浮动时间

以下进度网络图用于 98~99 题。

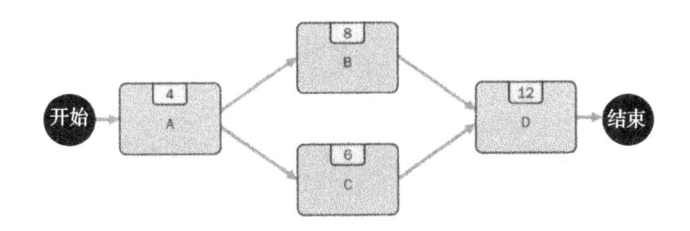

98. 该图中的关键路径是:

　　A. A–B–C

　　B. A–B–D

　　C. A–C–D

　　D. A–B–C–D

99. C 活动的自由浮动时间是:

　　A. +4

　　B. +2

C. 0
D. −2

100. 项目的控制进度过程：

A. 专注于项目的启动，以帮助降低进度风险并达到批准的进度基准
B. 监控项目状态的过程是否更新项目进度，并管理对进度基准的变更
C. 主要关注的是关键路径上的活动
D. 应该主要关注那些难以实施的活动

项目成本管理

（PMBOK®指南第 7 章）

101. 项目成本管理包括以下过程，除了：

    A. 规划成本管理
    B. 平衡资源
    C. 制定预算
    D. 控制成本

102. 成本管理计划有如下特点，除了：

    A. 它基于项目成本估算并独立于项目管理计划
    B. 可能需要规定偏差临界值，用于检测成本绩效，是在需要采取某种措施前允许出现的最大偏差
    C. 它可能规定一个明确的平衡值，即到了这种程度，活动成本估算将会上升或下降
    D. 它描述项目成本如何规划、安排和控制

103. 以下关于成本估算的描述都是正确的，除了：

    A. 成本估算通常使用某种货币单位（如美元、欧元、日元等），但有时也可采用其他计量单位，比如人时数或人天数，以消除通货膨胀的影响，便于成本比较
    B. 按这个项目花费在所有资源上的支出估算成本
    C. 成本估算不必考虑风险登记册中列出的风险，因为这些风险不是威胁就是机会，它们产生的影响趋于相互抵消
    D. 完成一项活动所需资源具有一定的成本，成本估算就是对这些成本进行定量的大体估算。成本估算可能体现在活动层面

上，或者以概括的方式出现

104. 活动成本估算包括如下资源类别，除了：

A. 劳力
B. 材料
C. 设备
D. 时间不足

105. 参数估算涉及：

A. 定义项目生命周期的成本或持续时间
B. 通过计算每个工作的单个成本估算，整合得到项目的总成本
C. 使用历史数据间的统计关系和其他变量，计算项目工作成本的估算
D. 使用以往类似项目的实际成本估算当前项目

106. 成本类比估算：

A. 将自下而上的评估技术与相关的统计关系相结合，以估算当前项目的成本
B. 依赖于先前类似项目的实际成本，作为估算当前项目成本的基础
C. 在项目的后期使用最频繁
D. 对单个工作包成本的估算汇总，以预估当前项目的成本

107. 以下哪个过程和估算与控制成本基准有关？

A. 规划资源和控制成本

B. 估算成本、制定预算和坚持基准

C. 制定预算和控制成本

D. 规划资源管理、成本估算和成本控制

108. 成本绩效基准具有如下特性，除了：

A. 成本基准是经过批准的、按时间段分配的项目预算，是不同进度活动经批准的预算的总和

B. 在整个项目生命周期内，成本基准显示了实际成本的支出情况

C. 成本基准是不同进度活动经批准的预算的总和

D. 成本基准通常表现为一条 S 曲线

109. 项目成本控制包括如下内容，除了：

A. 向有关相关方报告所有经批准的变更及其相关成本

B. 监督成本绩效，找出并分析与成本基准间的偏差

C. 对造成成本基准变更的因素施加影响

D. 把总报价分到单个工作包，建立成本基准

项目成本管理　47

110. 由于过去的项目经理突然调离，你被提升为一个大项目的项目经理。在上任的第一天，你发现在你的桌子上有一个文件夹：挣值管理。在这个文件夹中，你看到如下这幅图，显示你的项目几天前的状态：

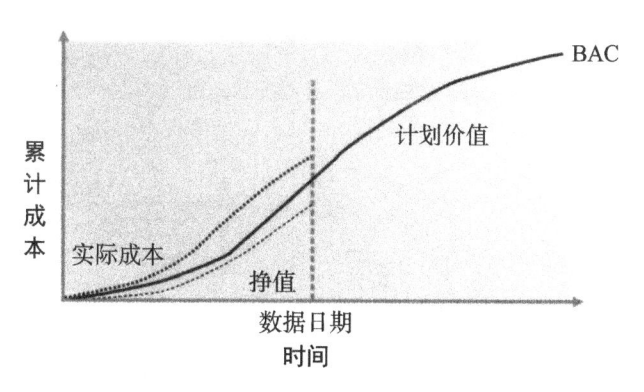

根据这张图，你得出如下结论：

A. 项目低于预算并可能进度提前

B. 项目超出预算并可能落后于进度

C. 项目低于预算并可能进度落后

D. 这个项目的成本和进度绩效无法通过图显示，因为没有任何数值

以下数据用于 111~116 题：

AC=120

PV=100

EV=80

BAC=200

注：AC——Actual Cost，实际成本；PV——Planned Value，计划

价值；EV——Earned Value，挣值；BAC——Budget at Completion，完工预算

111. 假设未来所有工作将按预算执行，完工估算（Estimate at Completion，EAC）是：

A. 200
B. 220
C. 240
D. 260

112. 假设项目未来将按当前状态执行，完工估算是：

A. 300
B. 325
C. 350
D. 375

113. 由于项目进度是一个影响未来努力的因素，所以假设未来工作在成本和进度绩效指数的共同作用下，完工估算是：

A. 250
B. 300
C. 350
D. 345

114. 假设该项目的经验数据预期在未来可以继续，完工偏差（Variance at Completion，VAC）是：

   A. −80
   B. −100
   C. +100
   D. +200

115. 假设未来所有工作将在预算内完成，那么完工尚需估算（Estimate to Complete，ETC）是：

   A. 120
   B. 140
   C. 180
   D. 200

116. 你的发起人表明项目将不会有额外的补充预算，要求你在原预算范围内完成项目。为了实现这个目标，你和你的团队必须满足的完工尚需绩效指数（To-Complete Performance Index，TCPI）是：

   A. 0.67
   B. 1.00
   C. 1.50
   D. 2.00

117. 完工估算通常基于：

   A. 已经完成工作的实际成本和剩余工作的完工尚需估算
   B. 已经完成工作的实际成本和累计的成本绩效指数（Cost Performance Index，CPI）
   C. 挣值和已经完成工作的实际成本
   D. 成本绩效指数和成本偏差（Cost Variance，CV）

118. 挣值管理分析表明，你的项目落后于进度基准。你知道这是由于累计的EV：

   A. 高于累计的AC
   B. 高于累计的PV
   C. 低于累计的PV
   D. 低于累计的CPI

119. 以下哪些测量值表明你的项目低于预算大约9%？

   A. 累计的AC为100，累计的EV为110
   B. 累计的PV为100，累计的AC为110
   C. 累计的AC为110，累计的EV为100
   D. 累计的EV为100，累计的PV为110

120. 挣值管理（EVM）经常被用于：

   A. 截至目前，项目中所安装的设备的价值分析
   B. 分析截至目前发生在项目上的劳动力成本总和

C. 项目绩效测量的方法

D. 测量截至目前，花费在项目上的资金的方法

121. 价值 30 万美元，历时 10 个月的项目逐月更新，在第 6 个月的挣值分析数据显示，累计的 PV 为 19 万美元，累计的 AC 为 12 万美元，累计的 EV 为 15 万美元。在审查项目活动时，项目管理团队能够从这些测量值中得出以下结论，除了：

A. 比计划完成得少

B. 比计划花费得少

C. 按当前绩效继续执行下去且不加干涉，项目将有可能落后于进度并低于预算

D. 按当前绩效继续执行下去且不加干涉，项目将有可能提前于进度并超出预算

122. 在挣值管理中，成本偏差等于：

A. EV–PV

B. EV–AC

C. AC–EV

D. PV–EV

123. 挣值表明以下含义，除了：

A. 分配给已经完成工作的预算价值

B. 一项活动或工作分解结构组件的实际成本

C. 应该为每个 WBS 组件规定进度测量准则，用于考核正在实施的工作

D. 是已完成工作的经批准的预算

124. 如果累计的 PV=100，累计的 EV=98，累计的 AC=104，项目状态可能是：

    A. 进度超前
    B. 成本趋于超支
    C. 在项目成本预测值内运行
    D. 项目完成时低于预算

以下数据用于 125~126 题：

Item	PV	AC	EV
1	10 000	11 000	10 000
2	9 000	8 000	7 000
3	8 000	8 000	7 000
4	7 000	7 000	5 000

125. 哪组超支最严重？

    A. Item1
    B. Item2
    C. Item3
    D. Item4

126. 哪组的 SPI 值最低?

   A. Item1

   B. Item2

   C. Item3

   D. Item4

项目质量管理

(PMBOK®指南第8章)

127. 项目质量管理包括执行组织确定质量政策、目标与职责的过程和活动，从而：

 A. 使项目满足其预定的需求
 B. 过程能力将得到提高
 C. 产品、服务和成果将被控制
 D. 项目团队绩效将满足标准

128. 质量与等级不是相同的概念。它们的根本区别在于：

 A. 质量作为实现的性能或成果，是一系列内在特性满足要求的程度；等级作为设计意图，是对用途相同但技术特性不同的可交付成果的级别分类
 B. 质量水平未达到质量要求不一定是个问题，但是质量的低等级一定是问题
 C. 交付需求的质量水平不属于项目经理和项目团队的职责范畴
 D. 交付需求的等级水平不属于项目经理和项目团队的职责范畴

129. 理解、评估、定义和管理需求必须满足：

 A. 客户期望
 B. 范围说明书
 C. 高层管理
 D. 职能需求

130. 以下都是满足质量要求的主要收益，除了：

   A. 减少返工
   B. 更高的生产率
   C. 更低的成本
   D. 减少订单变更

131. 以下都是质量控制的输入，除了：

   A. 项目管理计划
   B. 质量核对单
   C. 工作绩效数据
   D. PERT 表

132. 质量管理计划是_____的组成部分，用以描述如何实现组织的质量政策。

   A. 项目管理计划
   B. WBS
   C. 项目范围
   D. 治理管理计划

133. 管理质量是_____过程。

   A. 利用计划的、系统的质量活动确保有效的监督并使项目团队符合批准的规范
   B. 为项目团队和相关方提供项目性能是衡量的标准

C. 将质量管理计划转化为可执行的质量活动，将组织的质量方针纳入项目中

D. 确保适当的规范实施，通常降低了项目按期完成的概率

134. 质量成本包括以下全部，除了：

   A. 防止不符合要求
   B. 产品或服务的一致性评价
   C. 不符合要求（返工）
   D. 项目对操作计算机的需求

135. 由于项目的临时性，以及降低"项目后"质量成本所带来的潜在利益，谁可能选择对产品质量改进进行投资，特别是在预防和检查上进行投资？

   A. 发起组织
   B. 项目管理团队
   C. 项目执行管理团队
   D. 项目质量功能展开组织

136. 以下都是控制图具有的特性，除了：

   A. 用来确定一个过程是否稳定，或者是否具有可预测的绩效
   B. 可以用于监测各种类型的输出变量
   C. 说明各种因素如何可能与潜在的问题或影响有关
   D. 按时间顺序展示过程数据，并将这些数据与既定的控制界限

相比较的一种图形。控制图有一条中心线，有助于观察图中的数据点向两边控制边界偏移的趋势

137. 在控制图中，上下规格界限是基于什么确立的？

　　A. 需求，反映了允许的最大值和最小值
　　B. 控制界限
　　C. 标准，反映了允许的最大值和最小值
　　D. 需求和控制界限

138. _____是审计质量要求和质量控制测量结果，确保采用合理的质量标准和操作性定义的过程。

　　A. 规划质量管理
　　B. 管理质量
　　C. 控制质量
　　D. 规划质量保证

139. 在规划质量管理过程中，使用成本效益分析表明：

　　A. 达到质量要求的主要效益是减少与项目质量管理活动相关的成本
　　B. 达到质量要求的主要效益包括减少返工、提高生产率、降低成本、提升相关方满意度及提升盈利能力
　　C. 满足质量要求的主要成本是增加返工，确保相关方满意
　　D. 质量成本与指定项目的预期质量收益无法评估

140. 标杆对照是将实际或计划的项目实践与可比项目的实践进行对照，以下都是标杆对照工具的特性描述，除了：

A. 识别最佳实践，形成改进意见

B. 为绩效考核提供依据

C. 可以来自执行组织内部或外部

D. 用于来自同一应用领域的项目类比，不允许用不同应用领域的项目做类比

141. 持续质量改进的基础是：

A. 由休哈特提出并经戴明完善的计划-实施-检查-行动（Plan-Do-Check-Act，PDCA）循环

B. 过程决策程序图

C. 准备-瞄准-开火（Ready-Aim-Fire，RAF）循环链接的结果

D. 概念-设计-执行-结束（Conceptualize-Design-Execute-Finish，CDEF）循环

142. 以下关于亲和图的描述都是正确的，除了：

A. 被用来识别关键事项和合适的备选方案，并通过一系列决策，排列出备选方案的优先顺序

B. 亲和图与思维导图相似

C. 针对某个问题，产生出可联成有组织的想法模式的各种创意

D. 在项目管理中，使用亲和图确定范围分解的结构，有助于WBS的制定

143. 以下是对项目质量管理进行裁剪的考虑，除了：

　　A. 标准与法规合规性

　　B. 政策合规性和审计

　　C. 持续改进

　　D. 相关方管理

144. 规划质量管理，识别项目和可交付成果的质量需要和（或）标准，并记录项目将如何满足需求，这属于哪部分活动？

　　A. 概念阶段

　　B. 规划过程组

　　C. 项目实施阶段

　　D. 控制质量过程

项目资源管理

（PMBOK®指南第 9 章）

145. 项目资源管理的主要过程是：

A. 领导力，管理，团队建设和谈判

B. 制订项目人员配备计划，招募项目团队，管理人事活动和管理劳动关系

C. 规划组织结构，建设项目团队，制订沟通计划和管理团队冲突

D. 规划资源管理，估算活动资源，组建团队，建设团队，管理团队和控制资源

146. 责任分配矩阵：

A. 用于编制项目预算和网络图

B. 呈现在项目活动层面上，用它把项目的角色和责任与项目的网络活动紧密联系在一起

C. 显示工作包或活动与项目团队成员之间的关系，它可以确保任何一项任务都只由一个人负责，从而避免责任不清

D. 在项目团队成员的个人绩效评估中用责任分配矩阵识别职责和责任

147. 规划资源管理通常包括以下内容，除了：

A. 角色和职责

B. 识别资源

C. 获取资源

D. 项目接口

148. 在计划获取团队成员时出现的问题通常包括以下所有内容，除了：

A. 从组织内部招募，还是从组织外部的签约供应商招募
B. 项目所需各级技术人员的成本
C. 高级管理人员的薪酬
D. 组织的人力资源部门和职能经理们能为项目管理团队提供的协助

149. 组建项目团队是确认人力资源的可用情况，并为开展项目活动而组建团队的过程。以下都是能够影响这个过程的事业环境因素，除了：

A. 组织结构
B. 政治哲学
C. 能力水平，以往经验和成本费率
D. 人事管理政策，比如影响外包的政策

150. 资源管理计划需要解决的一个重要问题是，当项目不再需要时，团队成员将被释放。这样做的原因是：

A. 降低项目成本
B. 在顺利过渡到已经计划好的项目时提高士气
C. 优化人力和实物资源的利用
D. 帮助减少项目结束期间或项目结束时可能发生的资源风险

151. 有效的认可和奖励系统应该具有以下特点，除了：

A. 明确的奖励标准和计划的系统用于帮助促进和强化所期望的行为
B. 基于个人控制下的活动和表现
C. 在确定表彰和奖励时，应考虑文化的差异
D. 应为大多数团队成员制定奖励所需的绩效，以确保所有团队成员在整个项目中追求卓越

152. 以下都是获取资源过程的工具与技术，除了：

A. 决策
B. 招募
C. 人际关系和团队技能
D. 预分派

153. 以下关于冲突管理的描述都是正确的，除了：

A. 冲突在项目环境中是不可避免的，应该尽早解决
B. 冲突通常应该以私下的方式解决
C. 只有当冲突变得有破坏性时，才应该以正式的团队会议方式给予解决
D. 冲突应该通过合作方式解决

154. 团队建设具有以下全部特性，除了：

A. 团队建设活动既可以是状态审查会上的五分钟议程，也可以

是为改善人际关系而设计的、在非工作场所专门举办的体验活动

B. 团队建设主要用于解决团队中的主要冲突，因为它通常会浪费宝贵的时间资源，并导致进度延迟

C. 如果团队成员的工作地点相隔甚远，无法进行面对面接触，那么就特别需要有效的团队建设策略

D. 团队建设是一个持续性过程。项目环境的变化不可避免，要有效地应对这些变化，就需要持续不断地开展团队建设

155. **培训具有以下全部特性，除了：**

A. 培训包括旨在提高项目团队成员能力的全部活动

B. 培训可以是正式或非正式的。培训方式包括课堂培训、在线培训、计算机辅助培训、在岗培训（由其他项目团队成员提供）、辅导及训练

C. 如果项目团队成员缺乏必要的管理技能或技术，项目将被认为不具备组织实施的核心能力，应该外包或取消

D. 如果项目团队成员缺乏必要的管理或技术技能，可以把对这种技能的培养作为项目工作的一部分

156. **有效的团队建设策略和活动可以提高团队绩效，从而提高实现项目目标的可能性。评价团队有效性可能包括以下指标，除了：**

A. 个人技能的改进，从而使成员更有效地完成工作任务

B. 团队能力的改进，从而使团队更好地开展工作

C. 改善整体项目绩效会增加团队成员之间的冲突

D. 团队成员离职率的降低

157. 常见的冲突解决方法包括：

A. 缓和、妥协、合作和集中办公

B. 接受、妥协、攻击和分离

C. 包容、妥协、强迫和合作

D. 撤退、强迫、详细说明和提供敏感性训练

158. 管理和领导项目团队包括：

A. 跟踪团队成员绩效，提供反馈，解决问题，优化项目绩效

B. 支持职业行为规范，但是不能保证所有团队成员都遵守职业道德行为

C. 影响团队满足项目的三重制约，但是团队成员的职业道德行为不在项目团队管理的范围之内

D. 指导项目小组，避免反复违反执行组织规定的职业道德和行为规范

159. 团队建设的阶段包括：

A. 开始、组织、准备、执行和收尾

B. 形成、震荡、规范、成熟和解散

C. 组建、管理、指导、决策和释放

D. 启动、规划、执行、监控和收尾

160. 以下都是估算活动资源过程的输入，除了：

A. 活动清单

B. 事业环境因素

C. 以往类似项目的工作分解结构

D. 组织过程资产

161. 估算活动资源过程的输出包括：

A. 项目资源需求的工作描述

B. 各种项目人力资源的薪酬计划

C. 识别工作包中每项活动所需资源的数量和类型

D. 每个工作包和每个工作周期的资源需求的类似估算

162. 团队建设具有以下全部特性，除了：

A. 这是一个帮助一群人建立一个相互协作和合作的工作环境的过程

B. 它需要果断地处理项目团队的问题，并及时地从团队中移除对这些问题负责的个人，以确保一个高效、顺利的项目环境

C. 它可以帮助各个团队成员有效地合作

D. 当团队成员在远程工作，没有面对面地接触时，团队建设尤其重要

163. 激励包括创造一个满足项目目标的环境，同时提供与人们最看重的东西有关的满足感。下面这些都是动机的原因，除了：

A. 鼓励某人做某事

B. 参与决策

C. 在年度绩效评估或项目完成后提供准确的批评

D. 鼓励人们独立地工作

项目沟通管理

（PMBOK®指南第 10 章）

164. 项目沟通管理的主要过程是：

   A. 规划沟通管理、管理沟通和监督沟通
   B. 规划沟通管理、制定对策、汇报进展和发布信息
   C. 规划沟通、发布信息和进度报告
   D. 发布信息、报告变更、项目文件更新和移交项目可交付成果

165. 规划沟通管理过程的输入包括：

   A. 项目管理计划、项目文件、事业环境因素和组织过程资产
   B. 相关方需求、项目范围说明书、项目预算和项目进度计划
   C. 组织结构、相关方分析、项目管理计划和沟通障碍
   D. 相关方管理策略、RAM、WBS 和管理程序

166. 沟通管理计划通常包括以下全部内容，除了：

   A. 需要沟通的信息，包括语言、格式、内容、详细程度
   B. 发布信息及告知收悉或做出回应（如适用）的时限和频率
   C. 传递信息的技术或方法，如备忘录、电子邮件或新闻稿等
   D. 来自所有相关方的电子邮件、档案、信件、报告和文件

167. 关于纸质文件管理、电子通信管理、基于网页界面的进度管理工具和项目管理软件是什么的实例？

   A. 项目管理信息系统
   B. 内部沟通系统
   C. 内部管理系统

D. 项目记录数据库

168. 以下都是能影响沟通技术选择的因素，除了：

A. 信息需求的紧迫性
B. 技术的可用性
C. 执行需求
D. 信息的敏感性和保密性

169. 作为沟通过程的一部分，信息发出者的职责是：

A. 确保接收者同意信息内容
B. 要确认信息已被正确理解
C. 以最有利的方式发送信息
D. 正确的解码媒介

170. 作为沟通过程的一部分，信息接收者的职责是：

A. 正确发送信息
B. 只呈现接收的部分信息，并鼓励进一步讨论
C. 确保完整地接收信息，正确地理解信息，并需要告知收悉或做出适当的回应
D. 指出口头信息不准确的部分，为避免潜在的混乱，要求信息以书面方式提供

171. 以下都是常用于识别和确定项目沟通需求的信息，除了：

A. 项目组织与相关方之间的责任关系

B. 项目所涉及的学科、部门和专业

C. 在哪儿、有多少人参与项目

D. 可用性技术在项目中的定位

172. 沟通活动的分类有很多维度，常见的分类方式如下，除了：

A. 书面和口头，以及口头语言和非口头语言

B. 内部和外部

C. 概念和确定

D. 正式和非正式

173. 以下都是管理和分发项目信息的工具，除了：

A. 纸质文件管理

B. 电子通信管理

C. 输入项目绩效数据到电子表格或数据库

D. 项目管理电子工具

174. 以下都是有效沟通的常见技巧和注意事项，除了：

A. 会议管理技术，如准备议程和处理冲突

B. 引导技术，建立共识和克服障碍

C. 倾听技术，主动倾听（告知收悉、主动澄清和确认理解），消除妨碍理解的障碍

D. 为项目会议室提供舒适的椅子，以加强项目团队的凝聚力

175. 监督沟通的过程是：

A. 保证信息只按需提供，以免造成不必要的迷惑或争议
B. 在整个项目生命周期中对沟通进行监督和控制的过程，以确保满足项目相关方对信息的需求
C. 把项目的所有信息提供给全体项目相关方，求得对项目需求的全面支持
D. 在整个项目生命周期内，与项目绩效有关的负面信息都要保守秘密，保证项目团队受到的额外干扰最小，继续为这个项目工作

项目风险管理

（PMBOK®指南第 11 章）

176. 项目风险管理的主要过程是：

　　A. 规划风险管理、识别风险、评估风险、减轻风险、转移风险和记录输出

　　B. 识别风险、规划风险管理、评价风险、制定风险响应、减轻风险和记录结果

　　C. 识别风险、实施风险定量分析、实施风险定性分析、规划风险应对和控制风险

　　D. 规划风险管理、识别风险、实施风险定性分析、实施风险定量分析、规划风险应对、执行风险应对和控制风险

177. 以下策略通常用来处理可能影响项目目标的威胁或风险，除了：

　　A. 解释
　　B. 规避
　　C. 转移
　　D. 减轻

178. 风险转移几乎总是涉及：

　　A. 通过测试消除风险
　　B. 政策和程序的响应
　　C. 如果一些活动占用了预算，就接受更低的利润
　　D. 为风险承担者支付一定的风险费用

179. 在规划风险应对过程中，对风险或威胁采取消极的接受措施表明团队已经决定：

   A. 同意项目经理的意见
   B. 消除特定风险或威胁，在可接受阈值范围内降低不利的风险事件的影响，或者追求一个积极的机遇
   C. 不为处理某风险而变更项目管理计划，或者无法找到任何其他的合理应对策略
   D. 购买保险，或者要求担保和保证

180. 识别风险过程的主要输出是：

   A. 风险登记册
   B. 风险事件的预期货币价值
   C. 纠正措施清单
   D. 风险减轻计划

181. 对_____的全面分析将有助于识别项目的潜在风险。

   A. 基于历史信息和知识的风险识别核对单
   B. 项目的变更控制系统
   C. 项目任务说明书
   D. 项目进度计划和预算

182. 以下都是识别风险过程的输入，除了：

   A. 风险管理计划

B. 范围基准

C. 风险减轻计划

D. 质量管理计划

183. 以下都是规划风险应对过程的输出，除了：

   A. 变更需求

   B. 纠正措施

   C. 项目文件更新

   D. 项目管理计划更新

184. 实施定量风险分析过程的工具与技术是：

   A. 外包、应急计划、备选方案和保险

   B. 访谈、历史结果、解决方案和响应进展

   C. 核对单、事故控制报告、标准费用和检查

   D. 专家判断、数据收集、模拟和决策树分析

185. 实施定量风险分析过程的输出是风险登记册更新，这个更新通常包括：

   A. 量化风险优先级清单

   B. 对忽视威胁和接受机会的定量分析

   C. 核对单、纠正措施和合格的决策树

   D. 决策、资源和应急成本

186. 风险影响评估旨在调查风险对项目目标（如进度、成本、质量或性能）的潜在影响，以下都是风险影响评估的特性，除了：

A. 用概率和影响矩阵评估每个风险，把风险划分为低、中和高
B. 评估风险对项目目标的影响所用的方法可以是相对量表、数字量表或非线性量表
C. 通常在项目开始之前，组织就要制定风险评级规则并裁剪得适合具体项目
D. 对项目目标影响的评估主要在项目收尾时做，并属于经验教训的一部分

187. 以下都是控制风险过程的输出，除了：

A. 项目文件更新
B. 工作分解结构
C. 变更请求
D. 项目管理计划更新

188. 风险评级是：

A. 风险发生的概率乘以风险一旦发生对目标（如成本、时间、范围或质量）产生的影响（数字量表）
B. 分配给概率和影响评估值的平方和
C. 不能用于确定风险是较低、中等还是较高
D. 一种常用的规避风险的技术

189. 以下对敏感性分析的最佳表述是：

　　A. 考察多个因素同时变化将对项目目标产生多大程度的影响

　　B. 把所有其他不确定因素固定在基准值，考察每个因素的变化会对目标产生多大程度的影响

　　C. 评估相关方容忍风险的方法

　　D. 不能被用于确定项目中大多数潜在风险的影响

190. 以下全部是对决策树特性的描述，除了：

　　A. 决策树是一种图形和计算技术，用来评估与一个决策相关的多个可选方案在不确定情形下的可能后果

　　B. 决策树分析是风险分析的工具，用于选择最合适的响应

　　C. 决策树是一种常见的定性风险分析的工具，它一般不能用于风险定量分析

　　D. 决策树分析使用预期货币价值分析的方法，计算当某些情况在未来可能发生或不发生时的统计平均结果

191. 风险管理计划通常包括以下全部内容，除了：

　　A. 方法论

　　B. 风险策略

　　C. 应对单个风险

　　D. 风险类别

192. 实施定性风险分析评估已识别风险的优先级，以下对这一过程的描述都是正确的，除了：

A. 已识别风险发生的相对概率或可能性

B. 已识别风险发生后对项目目标的影响

C. 是一种数学方法，如同预期货币价值分析一样，给人更精准的结论

D. 与项目成本、进度、范围和质量等制约因素相关的组织风险承受力

193. 风险登记册更新是监督风险过程的一个输出，它通常包括以下全部内容，除了：

A. 工作分解结构

B. 风险再评估、风险审计和定期风险审查的结果

C. 包括新识别的风险，以及对风险概率、影响、优先级、应对计划、责任人和风险登记册等其他要素的更新

D. 项目风险及其应对的实际结果

194. 以下都是 SWOT 分析的特性，除了：

A. 这种技术从项目的每个优势、劣势、机会和威胁出发，对项目进行考察，把产生于内部的风险都包括在内，从而更全面地考虑风险

B. 它识别组织的优势和劣势，不论是具体的项目还是通常的业务领域

C. 通过 SWOT 分析识别出由组织优势带来的各种项目机会，以及由组织劣势引发的各种威胁

D. 这一分析也可用于考察组织优势能够抵消威胁的程度，以及机会可以克服劣势的程度

195. 以下都是实施风险应对措施过程的输入，除了：

A. 项目文件

B. 项目风险管理计划

C. 组织过程资产

D. 专家判断

项目采购管理

（PMBOK®指南第12章）

196. 以下都是规划采购过程的输入，除了：

 A. 风险登记册

 B. 相关方登记册

 C. 采购政策

 D. 事业环境因素

197. 通常，投标与建议的不同之处在于：

 A. 投标被用来以价格作为基础选择卖方

 B. 投标时使用的技术能力或技术方法是最重要的

 C. 建议被用来以价格作为基础选择卖方

 D. 项目时间框架有限时使用建议

198. 买方拟定的采购文件，包括以下所有内容，除了：

 A. 采购工作说明书

 B. 报价文件

 C. 供方选择标准和独立的成本估算

 D. 控制采购文件

199. 批准的变更请求通常包括以下所有内容，除了：

 A. 对合同条款和条件的修改

 B. 修改价格

 C. 卖方发票

 D. 对产品、服务或结果的描述进行修改

200. 广告是实施采购过程的工具与技术，以下关于广告的描述错误的是：

   A. 政府机构可能要求公开发布广告
   B. 使用大众媒介出版物和使用网络资源的广告通常会导致公众压力，而产生纠纷
   C. 广告往往可以扩充现有的潜在卖方名单
   D. 广告可以在大众出版物（如报纸）或专业出版物上刊登

201. 买方通常通过其授权的采购管理员，提供给卖方_____作为结束采购过程的输出。

   A. 合同已经完成的正式书面通知
   B. 给所有项目团队成员的感谢信
   C. 接受可交付成果的非正式通知
   D. 提供给高级管理人员的内部通知复印件

202. 在哪种类型的合同中，买方需要精确地指定所采购的产品或服务？

   A. 成本加奖励费合同
   B. 总价合同
   C. 成本补偿合同
   D. 合伙合同

203. 下列哪项用来描述有争议的变更或潜在的推定变更，即买方和卖方不能就变更的补偿达成一致或不同意发生变更？

   A. 冲突
   B. 仲裁
   C. 投诉
   D. 索赔

204. 潜在的推定变更是：

   A. 在保证预算的前提下尽可能推迟出现的变更
   B. 被视为负面的、量化的表格式的变更
   C. 需要在项目往来函件中进行专门识别和记录的变更
   D. 提交有关投标的供应商名单

205. 所有的法律契约关系都属于以下范畴之一，除了：

   A. 需求建议书
   B. 总价合同
   C. 成本补偿合同
   D. 工料合同

206. 以下关于采购工作说明书的描述都是正确的，除了：

   A. 它详细描述了拟采购的产品、服务或成果，以便潜在卖方确定他们是否有能力提供这些产品、服务或成果

B. 它应该是模棱两可的、不完整的和啰唆的，尽量允许未来的谈判

C. 可包括规格、数量、质量、性能参数、履约期限、工作地点和其他需求

D. 应根据需要对采购 SOW 进行修订和改进，直到成为所签协议的一部分

207. 供方选择标准是为了对卖方建议书进行评级或打分。这些标准一般有以下所有的特性，除了：

A. 它们通常属于采购文件的一部分

B. 标准可以是客观或主观的

C. 如果很容易从许多合格卖方获得采购品，则选择标准可仅限于购买价格

D. 通常需要负责送货的运输单位的详细名称

208. 以下都是实施采购过程的工具与技术，除了：

A. 人际关系和团队技能

B. 投标人会议

C. 专家判断

D. 建议书评价技术

209. 成本加固定费用合同具有如下特性，除了：

A. 为卖方报销履行合同工作所发生的一切可列支成本

B. 卖方获得一笔固定费用，这个费用以项目实际成本的某一百分比计算

C. 卖方获得一笔固定费用，这个费用以项目初始成本估算的某一百分比计算

D. 费用只能针对已完成的工作来支付，而且不因卖方的绩效而变化，除非项目范围发生变更

210. 这种类型的分析结果决定了特定的工作是否可以由项目团队完成，或者需要从外部采购：

A. 选择分析
B. 法规分析
C. 自制或外购分析
D. 数据收集分析

211. 在很多项目中，谈判是：

A. 主要谈合同管理的问题
B. 项目管理必不可少的一部分，很可能是谈人员分配
C. 直接导致无效决策
D. 谈高管们增加项目成功的概率的问题

项目相关方管理

（PMBOK®指南第 13 章）

212. 相关方是：

A. 设计和构建项目的工程师

B. 能够影响或受项目的决定、活动或成果影响的个人、群体或组织

C. 组织的专属律师

D. 通过项目管理办公室控制和分配应急基金的个人或机构

213. 以下不属于项目相关方管理的过程是：

A. 识别相关方

B. 控制相关方参与

C. 监督相关方参与

D. 管理相关方参与

214. 为了增加项目成功的机会，项目经理应该做以下所有活动，除了：

A. 在项目或阶段的早期识别相关方

B. 分析相关方的利益水平和个人期望，以及他们的重要性和影响力

C. 尽可能地在各种相关方之间制造冲突，使项目团队完成工作

D. 与相关方沟通合作，并满足他们的需要或期望

215. 你基于对相关方需要、利益及对项目成功的潜在影响的分析，制定合适的管理策略，以有效地调动相关方参与整个项目生命周期。这被称为：

   A. 管理相关方参与
   B. 监督相关方参与
   C. 规划相关方参与
   D. 规划相关方管理

216. 你在整个项目生命周期中，与相关方进行沟通和协作，以满足其需要与期望，解决实际出现的问题，并促进相关方合理参与项目活动的过程。这被称为：

   A. 管理相关方参与
   B. 监督相关方参与
   C. 规划相关方管理
   D. 规划相关方参与

217. 你全面监督项目相关方之间的关系，调整策略和计划，以调动相关方参与，这被称为：

   A. 管理相关方参与
   B. 规划相关方参与
   C. 相关方的关系参与
   D. 监督相关方参与

218. 你使用一个相关方分析分类模型，它基于相关方的职权（权力）大小及对项目结果的关注（利益）程度将相关方进行分组。这被称为：

   A. 权力影响方格
   B. 影响作用方格
   C. 权力利益方格
   D. 突出模型

219. 在编制相关方登记册时，你需要以下全部，除了：

   A. 识别信息
   B. 评估信息
   C. 相关方分类
   D. 项目风险信息

220. 以下是对相关方参与程度的分类描述，除了：

   A. 抵制
   B. 中立
   C. 支持
   D. 操控

221. 管理相关方参与涉及以下所有活动，除了：

   A. 澄清和解决已识别出的问题
   B. 避免尚未成为问题的相关方关注点

C. 预测相关方在未来可能提出的问题

D. 通过谈判和沟通管理相关方期望

222. 以下关于管理相关方参与的声明都是正确的，除了：

A. 管理相关方参与有助于增加项目成功的概率

B. 相关方对项目的影响能力通常在项目启动阶段最高，而后随着项目的进展逐渐降低

C. 相关方对项目的影响能力通常在项目启动阶段最低，而后随着项目的进展逐渐增加

D. 项目经理负责调动各相关方参与项目，并对他们进行管理，必要时可以寻求项目发起人的帮助

223. 以下都是监督相关方参与的工具与技术，除了：

A. 决策

B. 相关方分析

C. 会议

D. 问题日志

224. 权力利益方格分类模型对相关方分析的建议是：

A. 对高权力/高利益的相关方随时告知

B. 对高权力/低利益的相关方令其满意

C. 对低权力/高利益的相关方保持监督

D. 对低权力/高利益的相关方重点管理

225. 在你的公司提出的兴建最先进的国家水塔项目听证会上，这个区域对此高度关心的一位居民问你："你会把这种东西建在自家的后院吗？" 你的最佳回答可能是：

   A. 鉴于你没有被列入相关方登记册，我不能更多地关注你的问题
   B. 非常抱歉，你似乎不喜欢与这个水塔做邻居，我会为它再找个地方
   C. 鉴于专家们提供了充分的信息，建议的位置是最合适的，我会很高兴和一个国家最先进的水塔做邻居
   D. 如果你希望自己家里有水可用，就请不要干扰我们的工作

226. 项目经理使用的人际技巧的例子通常包括以下所有，除了：

   A. 领导力
   B. 影响
   C. 治理
   D. 有效地决策

附录 X3

（敏捷型、迭代型、适应型和混合型项目环境）

227. 项目生命周期的最佳定义是：

   A. 项目生命周期的连续性
   B. 产品或服务从开始到完成的阶段
   C. 项目从开始到完成的一系列阶段
   D. 从项目章程中提出的各种需求和计划

228. 适应型项目的生命周期遵循的特点是：

   A. 顺序的、基于迭代的阶段和连续的重叠阶段
   B. 顺序的、基于迭代的阶段和顺序的非重叠阶段
   C. 连续的重叠阶段和基于敏捷的阶段
   D. 基于敏捷的阶段和顺序的、基于迭代的阶段

229. 以下都是适应环境中的过程组，除了：

   A. 规划过程组
   B. 监控过程组
   C. 范围管理过程组
   D. 收尾过程组

230. 迭代、敏捷和自适应的方法通过跟踪、审查、维护什么来管理进度和性能？

   A. 一个详细的任务清单
   B. 一个产品未完项
   C. 一个工作分解结构

D. 工作包

231. 哪种生命周期为最初的需求制订一套高级计划，并逐步细化需求，以达到规划周期的适当水平？

A. 预测型
B. 适应型
C. 计划驱动
D. 程序

附录 X4

(知识领域关键概念总结)

232. 项目整合管理包括以下全部，除了：

A. 预防胜于检查。最好是将可交付成果的质量进行设计，而不是在检查过程中发现质量问题。预防错误的成本通常要比检查或使用时纠正错误的成本低得多

B. 项目和项目管理本质上是综合性的，大多数任务涉及多个知识领域

C. 项目管理过程组内部和之间的关系是迭代的

D. 管理项目的绩效和项目活动的变更

233. 项目范围管理包括以下全部，除了：

A. 范围可以指产品范围（特性和功能，这些特性是产品、服务或结果的特征），或者项目范围（为了交付具有特定的特性和功能的产品、服务或结果而执行的工作）

B. 项目和项目管理本质上是综合性的，大多数任务涉及多个知识领域

C. 项目生命周期从预测型到适应型或敏捷。在使用预测方法的生命周期中，项目交付物在项目开始时定义，对范围的任何更改都将逐步管理。在适应型或敏捷的方法中，可交付物是在多个迭代中开发的，在每次迭代开始时对其中详细的范围进行定义并分配

D. 项目范围的完成是根据项目管理计划来衡量的，产品范围的完成是根据产品需求来衡量的

234. 项目进度管理包括以下全部，除了：

A. 项目进度计划提供了详细计划，说明项目如何及何时交付项目范围内所定义的产品、服务和成果

B. 项目进度计划被用作沟通的工具，管理相关方的期望，以及绩效报告的基础

C. 项目经理可能需要熟悉抽样，包括属性抽样（结果要么是一致的，要么是不一致的）和变量抽样（结果被按连续的规模进行评级）

D. 在可能的情况下，详细的项目进度计划应在整个项目中保持灵活性，以调整获得的知识、增加对风险的理解和增值活动

235. 项目成本管理包括以下全部，除了：

A. 项目成本管理主要关注的是完成项目活动所需的资源成本，但是它还应该考虑项目决策对随后使用、维护和支持项目交付物的重复成本的影响

B. 不同的相关方会以不同的方式和不同的时间来衡量项目成本。相关方对管理成本的要求必须明确

C. 预测和分析项目产品的预期财务绩效可能在项目外执行，或者可能是项目成本管理的一部分

D. 测量和监测进展并采取适当行动

236. 项目质量管理包括以下全部，除了：

A. 项目生命周期的范围从预测型到适应型或敏捷。在使用预测

型生命周期中，项目交付物在项目开始时定义，对范围的任何更改都将逐步管理。在适应型或敏捷方法中，可交付的内容是在多个迭代中开发的，其详细的范围在每次迭代开始时被定义并批准

B. 质量和等级是不同的概念，质量是一套内在特性满足要求的程度（ISO 9000）。等级是分配给交付物的类别，具有相同的功能用途，但具有不同的技术特征。项目经理和团队负责管理与交付产品相关的权衡

C. 预防胜于检查。最好是将可交付成果的质量进行设计，而不是在检查过程中发现质量问题。预防错误的成本通常要比检查或使用时纠正错误的成本低得多

D. 项目经理可能需要熟悉抽样，包括属性抽样（结果要么是一致的，要么是不一致的）和变量抽样（结果被按连续的规模进行评级）

237. 项目资源管理包括以下全部，除了：

A. 项目经理负责主动开发团队技能和能力，同时保持和提高团队的满意度和积极性

B. 需要努力防止错误的理解和沟通，在选择方法、信息及传递信息的人时应谨慎

C. 项目经理应该是项目团队的领导者和管理者，并且应该在获取、管理、激励和授权团队成员方面投入适当的努力

D. 项目经理应该意识到团队的影响，如团队环境、团队成员的地理位置、相关方之间的沟通、组织变更管理、内部和外部政治、文化问题及组织的独特性

238. 项目沟通管理包括以下全部，除了：

A. 沟通活动包括内部和外部，正式和非正式，书面和口头
B. 沟通活动可以向上与高级管理者，向下与团队成员，或者水平与同行展开。与不同层级的对象沟通将影响信息的格式和内容
C. 实物资源管理集中于以有效果和有效率的方式分配和利用成功的项目所需要的物理资源。未能有效地管理和控制资源可能降低成功完成项目的机会
D. 有效的沟通会在不同的相关方之间建立起桥梁，他们之间的差异通常会对项目的执行或结果产生影响，所以至关重要的是所有的交流都应是清晰明了的

239. 项目风险管理包括以下全部，除了：

A. 所有项目都有风险。组织选择承担项目风险以创造价值，同时平衡风险和回报
B. 项目风险管理旨在识别和管理其他项目管理过程没有涉及的风险
C. 每个项目中，风险都存在于两个层面：单个项目风险是一个不确定的事件或条件，如果发生，将对一个或多个项目目标有积极或消极的影响。整体项目风险是指整个项目不确定性对项目的影响，包括单个风险，代表相关方对项目结果的变化所产生的影响，无论是正面的还是负面的。项目风险管理过程对这两类风险都要处理
D. 忽略整体项目风险，专注于特定的项目风险，因为这将照顾到项目的整体风险

240. 项目采购管理包括以下全部，除了：

A. 所有项目都有风险。组织选择承担项目风险以创造价值，同时平衡风险和回报

B. 采购包括描述买方和卖方之间关系的协议。协议可以是简单或复杂的

C. 采购方法应该反映复杂的程度。协议可以是一份合同、一份服务水平协议、一份谅解备忘录、一份协议备忘录或一份采购订单

D. 项目经理应确保所有采购人员满足项目的具体需求，同时与采购专家合作，确保遵循组织政策

241. 项目相关方管理包括以下所有，除了：

A. 为了项目利益而对相关方进行识别和参与的过程是迭代的，并且应该定期检查和更新。特别是当项目进入一个新的阶段，或者组织发生重大变化，出现了更广泛的相关方群体时

B. 实物资源管理集中于以有效果和有效率的方式分配和利用有效完成项目所需的物理资源，如果不能有效地管理和控制资源，就可能减少成功完成项目的机会

C. 有效的相关方参与的关键是聚焦于和所有相关方持续地沟通。相关方的满意度应该被确定为一个重要的项目目标并加以管理

D. 为了增加成功的机会，在项目章程被批准后，项目经理已经被分配，团队开始形成，相关方的识别和参与过程应该尽快开始

附录 X5

(知识领域裁剪考虑因素总结)

242. 当为项目进度管理裁剪过程时，你应该考虑所有以下这些，除了：

   A. 生命周期方法
   B. 知识管理
   C. 项目规模
   D. 治理

243. 当为项目质量管理裁剪过程时，你应该考虑所有以下这些，除了：

   A. 相关方参与
   B. 政策合规与审计
   C. 项目复杂性、不确定性和产品新颖度
   D. 标准和监管规则

244. 当为项目资源管理裁剪过程时，你应该考虑所有以下这些，除了：

   A. 多样性
   B. 物理位置
   C. 团队成员的数量
   D. 生命周期方法

245. 当为项目风险管理裁剪过程时，你应该考虑所有以下这些，除了：

   A. 项目复杂性
   B. 项目重要性
   C. 项目大小
   D. 项目持续时间

246. 当为项目相关方管理裁剪过程时，你应该考虑所有以下这些，除了：

   A. 相关方关系的复杂性
   B. 相关方多样性
   C. 复杂性技术
   D. 相关方参与

247. 当为项目成本管理裁剪过程时，你应该考虑所有以下这些，除了：

   A. 估算和预算
   B. 挣值管理
   C. 治理
   D. 持续改进

术语表

248. 工作包中每个活动所需的资源类型和数量是：

    A. 资源需求

    B. 资源分解结构

    C. 组织图

    D. 资源包

249. 一个项目的生命周期是迭代或增量型的，这属于：

    A. 瀑布型

    B. 适应型生命周期

    C. 预测型生命周期

    D. 渐进发展

250. 汤姆是一个大型国防项目的项目经理。他使用以往类似的活动或项目的历史数据来估算他的项目中的活动的持续时间，这属于：

    A. 自下而上估算

    B. 自上而下估算

    C. 类比估算

    D. 参数估算

251. 唐恩是硅谷一个成功的产品发布会的项目经理。在规划过程中，她经常遇到一些被认为是真实或肯定的因素，没有证据或论证。这些被称为：

A. 制约
B. 依赖
C. 提前和滞后
D. 假设

252. 对于较小的项目，可用于建立项目估算（如假设、约束、详细程度、范围和置信水平）细节的支持手段是什么？

A. 估算基础
B. 成本估算
C. 持续时间估算
D. 资源估算

253. 一份文件记录的经济可行性研究，用于建立一个缺乏充分定义的选定组件的适用性，并以此为基础，授权进一步的项目管理活动。这属于：

A. 商业需求
B. 商业认证
C. 收益实现
D. 案例研究

254. 一种系统地使用列表进行系统评审的技术,以确保准确性和完整性。这属于:

    A. 约束条件分析
    B. 假设分析
    C. 核对单分析
    D. 流程图分析

255. 通过访谈、研讨会、学习以前项目的经验教训等方式,技术人员对项目利益相关方的信息需求进行分析。这属于:

    A. 沟通需求技术
    B. 项目管理信息系统
    C. 信息管理系统
    D. 沟通需求分析

256. 在进度或成本基准中分配的时间或金钱,用于主动应对风险的策略属于:

    A. 管理储备
    B. 应急储备
    C. 自上而下储备
    D. 风险应对储备

257. 在产品生命周期中为预防不符合要求、为评价产品或服务是否符合要求，以及因未达到要求而发生的所有成本被称为：

   A. 完工预算
   B. 失败成本
   C. 质量成本
   D. 总成本

258. 在项目进度中，关键路径上的任何活动都被称为：

   A. 关键链活动
   B. 正松弛活动
   C. 关键路径活动
   D. 负松弛活动

259. 一个活动可以从它的最早开始日期推迟或延误，而不会延迟项目完成日期或违反进度限制的时间是：

   A. 自由滞后时间
   B. 自由浮动时间
   C. 负浮动时间
   D. 总浮动时间

260. 一个自适应项目的生命周期，通过一系列迭代来生成可交付的过程在一个预先设定的时间框架中不断添加功能。可交付的内容包含了在最终迭代完成之后才能被认为是完整的、必要的和足够的能力。这是：

A. 增量型生命周期
B. 瀑布型生命周期
C. 关键路径生命周期
D. 项目集生命周期

261. 一种自适应的项目生命周期，通过一系列重复的循环来实现可交付的成果。可交付内容在每个循环结束时必要和充分地实现。每个重复的循环进一步提高了交付的能力。这是：

A. 项目生命周期
B. 迭代生命周期
C. 产品生命周期
D. 商业分析生命周期

262. 一种项目生命周期模式，项目的范围、时间、成本在生命周期的早期阶段被确定。这是：

A. 项目集生命周期
B. 产品生命周期
C. 预测型生命周期
D. 适应型生命周期

263. 在项目管理计划中增加详细的迭代过程，因为可以获得更多的信息和更准确的估计。

    A. 瀑布进度计划
    B. 甘特图
    C. 概要进度计划
    D. 渐进明细

264. 以下哪项是质量审计的最佳定义？

    A. 质量审计是一种独立的过程，以确定项目活动是否符合组织和项目的政策、流程和程序
    B. 一个项目文件，包括质量管理问题、纠正措施的修订，以及质量控制活动的总结，并可能包括对过程、项目和产品改进的建议
    C. 一项项目管理知识领域的具体政策。在组织实施质量管理体系时，它确立了管理组织范围的基本原则
    D. 描述一个项目或产品的属性，以及如何度量

265. 以下哪项是RACI图的最佳定义？

    A. 按类别和类型划分资源的层次结构
    B. 一种常见的责任分配矩阵，它使用执行的、负责的、咨询的和知情状态来定义相关方在项目活动中的参与
    C. 一本日历，用于标识每个特定资源的工作日和时限
    D. 一个柱状图，显示资源在一系列时间周期内的工作时间

266. 以下哪项是需求文件的最佳定义？

A. 一个将产品需求从其原产地链接到可交付物的网格，以满足它们的需求

B. 项目或项目管理计划的一个组成部分，描述了需求将如何被分析、记录和管理

C. 对个人需求如何满足项目业务需求的描述

D. 在产品、服务或结果中必须存在的条件或能力，以满足业务需求

267. 以下哪项是残余风险的最佳定义？

A. 一种风险应对策略，即项目团队决定承认风险而不采取任何行动，除非发生风险

B. 组织或个人愿意接受的不确定性的程度

C. 一种风险应对策略，即项目团队采取行动以消除或威胁或保护项目不受其影响

D. 风险应对措施执行后，依然存在的风险

268. 以下哪项是资源平衡的最佳定义？

A. 一种资源优化技术，对项目进度进行调整，以优化资源配置，并可能影响关键路径

B. 工作包中每个活动所需的资源类型和数量

C. 一个柱状图，显示资源在一系列时间周期内的工作时间

D. 按类别和类型划分资源的层次结构

269. 以下哪项是滚动式规划的最佳定义？

   A. 显示分配给每个工作包的项目资源的网格
   B. 一种迭代的计划技术，在短期内完成的工作将被详细规划，而未来的工作在一个更高的层次上规划
   C. 项目或项目集管理计划的组成部分，该计划为开发、监视和控制计划制定标准和活动
   D. 为项目活动未完成部分确定最早开始、最早完成日期，以及最晚开始、最晚完成日期的技术

270. 以下哪项是成本基准的定义？

   A. 一种财务分析工具，用来确定一个项目所提供的收益
   B. 一种预算资源的成本效率的衡量方法，它表示为实际成本与所得价值之比
   C. 经批准的、按时间分配的项目预算，不包括任何管理储备，只能通过正式的变更控制程序进行更改，并将其作为与实际结果进行比较的基础
   D. 在某一特定时间点的预算赤字或盈余的数额，表示为挣值与实际成本之间的差额

271. 以下哪项是范围基准的最佳定义？

   A. 是项目或项目集管理计划的一个组成部分，它描述了如何定义、开发、监视、控制和验证范围
   B. 作为一个项目提供的产品、服务和结果的总和

C. 对产品或项目范围的不加控制的扩展，不需要对时间、成本和资源进行调整

D. 被批准的范围说明书、工作分解结构及其相关的 WBS 字典，必须通过正式的变更控制程序进行更改，并将其用作与实际结果进行比较的基础

272. 以下哪句是供方选择标准的最佳定义？

A. 买方所要求的一组属性，卖方须满足或超过所要求的合同

B. 一种系统收集、分析定量和定性信息的技术，以确定在整个过程中应该考虑谁的利益

C. 一份项目文件，包括项目相关方的识别、评估和分类

D. 一种对产品、服务或结果的叙述性描述

273. 你怎样定义工作说明书？

A. 不加控制地扩展到产品或项目范围，不需要对时间、成本和资源进行调整

B. 对项目交付的产品、服务或结果的叙述性描述

C. 范围声明、工作分解结构及其相关的 WBS 字典的批准版本，可以使用正式的变更控制程序进行更改，并将其用作与实际结果进行比较的基础

D. 卖方对买方提出的报价要求或其他采购文件的正式答复，包括价格、商业销售条件和技术规格或能力，卖方将为请求的组织提供相关内容，如果被接受，将约束卖方履行最终的协议

274. 以下对"裁剪"描述最准确的是：

A. 一种项目文件，描述了用于确定产品是否符合质量管理计划中规定的质量目标的活动

B. 资源管理计划的一个组成部分，它描述了何时、如何获得团队成员及需要多长时间

C. 通过确定过程、输入、工具、技术、输出和生命周期阶段的适当组合，来管理一个项目

D. 一种预定义格式的部分完整的文档，它为收集、组织和显示信息和数据提供了定义的结构

275. 对测试和评估文档的最佳描述是：

A. 确定过程、输入、工具、技术、输出和生命周期阶段的适当组合来管理一个项目

B. 一个依赖的活动，逻辑上是在一个时间计划上的顺序关系

C. 一种特殊类型的柱状图，用于敏感性分析，用于比较各变量的相对重要性

D. 描述用于确定产品是否符合质量管理计划中规定的质量目标的活动的项目文件

276. 什么是工作分解结构？

A. 由项目团队完成的工作总范围的层次分解，以完成项目目标并创建所需的交付物

B. 范围说明书、工作分解结构及其相关的 WBS 字典的批准版

本，可以使用正式的变更控制程序进行更改，并将其用作与实际结果进行比较的基础

C. 作为一个项目提供的产品、服务和结果的总和

D. 服务提供者（内部或外部）和最终用户之间的契约，定义服务提供者期望的服务水平

277. 哪项是对工作包的最佳描述?

A. 不加控制地扩展到产品或项目范围，不需要对时间、成本和资源进行调整

B. 在工作分解结构的最低级别定义的工作，其成本和持续时间是可估计和管理的

C. 项目或项目集管理计划的组成部分，描述如何定义范围、开发、监视、控制和验证范围

D. 范围说明书、工作分解结构及其相关的 WBS 字典的批准版本，可以使用正式的变更控制程序进行更改，并将其用作与实际结果进行比较的基础

解 答 部 分

引论

(PMBOK®指南第1章)

1. 答案：D

参见 PMBOK®指南，第 4 页，1.2.1 节。

什么是项目？

项目是为创造独特的产品、服务或成果而进行的临时性工作。

2. 答案：B

参见 PMBOK®指南，第 10 页，1.2.2 节。

什么是项目管理？

项目管理就是将知识、技能、工具与技术应用于项目活动，以满足项目的要求。

3. 答案：C

参见 PMBOK®指南，第 15 页，1.2.3.3 节。

项目组合管理

项目组合管理是指为了实现战略目标而对一个或多个项目组合进行的集中管理。项目组合管理重点关注：通过审查项目和项目集，确定资源分配的优先顺序，并确保对项目组合的管理与组织战略协调一致。

4. 答案：C

参见 PMBOK®指南，第 34 页，1.2.6.4 节。

明确记录项目目标并选择可测量的目标是项目成功的关键。主要相关方和项目经理应思考以下三个问题：

怎样才是项目成功？

如何评估项目成功？

哪些因素会影响项目成功？

主要相关方和项目经理应就这些问题达成共识并予以记录。沟通需求的答案是一个重要的考虑因素，但它发生在一个更详细的计划层面上，以创建一个项目沟通计划，从而导致项目的成功。

5. 答案：B

参见 PMBOK®指南，第 11 页，1.2.3.1 节。

项目组合管理

项目集是一组相互关联且被协调管理的项目、子项目集和项目集活动，以便获得分别管理所无法获得的利益。项目集不是大项目。

6. 答案：D

参见 PMBOK®指南，第 11~13 页，1.2.3.1 节。

项目管理、运营管理和组织战略之间的关系

运营管理负责监督、指导和控制业务运作。运营支撑着日常业务，是实现业务战略和战术目标的必要手段。例如，生产运营、制造运营、会计业务、软件支持和运行维护等。

虽然项目具有临时性，但符合组织战略的项目能促进组织目标的实现。有时，组织会通过做项目来建立战略业务举措，改变其运营、产品或系统。项目需要项目管理活动和技能，而运营需要业务流程管理、运营管理活动和技能。

运营和项目管理

业务运营的改变也许就是某个特定项目的关注焦点,尤其当项目交付的新产品或新服务将导致业务运营的实质性改变时。持续运营不属于项目的范畴,但是它们之间存在交叉。

项目与运营会在产品生命周期的不同时点交叉,例如:
- 在每个收尾阶段;
- 在新产品开发、产品升级或提高产量时;
- 在改进运营或产品开发流程时;
- 在产品生命周期结束之前。

在每个交叉点,可交付成果及知识在项目与运营之间转移,以完成工作交接。随着项目趋于结束,项目资源被转移到运营中;而在项目开始时,运营资源被转移到项目中。

运营是一种生产重复性结果的持续性工作,它根据产品生命周期中制度化的标准,利用配给的资源,执行基本不变的作业。与运营的持续性不同,项目是临时性工作。

7. 答案:D

参见 PMBOK®指南,第 15 页,1.2.3.3 节。

……

项目组合管理是指为了实现战略目标而对一个或多个项目组合进行的集中管理。项目组合中的项目集或项目不一定彼此依赖或直接相关。确定组成部分的优先顺序,使最有利于组织战略目标的组成部分拥有所需的财力、人力和实物资源。

8. 答案：C

参见 PMBOK®指南，第 2 页，1.1.1 节。

项目管理知识体系

标准（PMBOK®指南）标识了大多数时候适用于大多数项目的良好实践过程，并确定了通常与这些过程相关联的输入和输出。

9. 答案：B

参见 PMBOK®指南，第 19 页，1.2.4.1 节。

项目生命周期

项目生命周期指项目从启动到完成所经历的一系列阶段。它为项目管理提供了一个基本框架。不论项目涉及的具体工作是什么，这个基本框架都适用。这些阶段之间的关系可以顺序、迭代或交叠进行。所有项目都呈现图 1-5 所示的通用的生命周期。

10. 答案：D

参见 PMBOK®指南，第 19 页，1.2.4.1 节。

……

项目生命周期的特点

项目生命周期可以是预测型或适应型。项目生命周期内通常有一个或多个阶段与产品、服务或成果的开发相关，这些阶段称为开发生命周期。开发生命周期可以是预测型、迭代型、增量型、适应型或混合型的模式。

预测型生命周期，在生命周期的早期阶段确定项目范围、时间和成本。对任何范围的变更都要进行仔细管理。预测型生命周期也称为瀑布型生命周期。

迭代型生命周期，项目范围通常于项目生命周期的早期确定，但时间及成本估算将随着项目团队对产品理解的不断深入而定期修改。迭代方法是通过一系列重复的循环活动来开发产品，而增量方法是渐进地增加产品的功能。

虽然项目成本和人员配置水平对于较大和复杂的项目来说是稳定的，但成本和人员配置水平可能发生变化，因此在整个项目生命周期中不太可能保持稳定。

11. 答案：D

参见 PMBOK®指南，第 19~21 页，1.2.4.1 节和 1.2.4.2 节。

预测型生命周期

预测型生命周期，在生命周期的早期阶段确定项目范围、时间和成本。对任何范围的变更都要进行仔细管理。预测型生命周期也称为瀑布型生命周期。

迭代和增量型生命周期

在迭代和增量型生命周期中，随着项目团队对产品的理解程度逐渐提高，项目阶段（也称为迭代）有目的地重复一个或多个项目活动。迭代方法是通过一系列重复的循环活动来开发产品，而增量方法是渐进地增加产品的功能。迭代和增量型生命周期同时采用迭代和增量的方式来开发产品。

产品生命周期

产品生命周期指一个产品从概念、交付、成长、成熟到衰退的整个演变过程的一系列阶段。

项目生命周期

项目从启动到结束的一系列阶段的总和。

12. 答案：B

参见 PMBOK®指南，第 19 页，1.2.4.1 节。

项目生命周期可以是预测型或适应型。项目生命周期内通常有一个或多个阶段与产品、服务或成果的开发相关，这些阶段称为开发生命周期。开发生命周期可以是预测型、迭代型、增量型、适应型或混合型的模式。

预测型生命周期，在生命周期的早期阶段确定项目范围、时间和成本。对任何范围的变更都要进行仔细管理。预测型生命周期也称为瀑布型生命周期。

迭代型生命周期，项目范围通常于项目生命周期的早期确定，但时间及成本估算将随着项目团队对产品理解的不断深入而定期修改。迭代方法是通过一系列重复的循环活动来开发产品，而增量方法是渐进地增加产品的功能。

适应型生命周期属于敏捷型、迭代型或增量型。详细范围在迭代开始之前就得到了定义和批准。适应型生命周期也称为敏捷或变更驱动型生命周期。请参见附录 X3。

13. 答案：B

参见 PMBOK®指南，第 23 页，1.2.4.5 节。

项目管理过程可分为以下五个项目管理过程组：

启动过程组。定义一个新项目或现有项目的一个新阶段,授权开始该项目或阶段的一组过程。

规划过程组。明确项目范围,优化目标,为实现目标制订行动方案的一组过程。

执行过程组。完成项目管理计划中确定的工作,以满足项目要求的一组过程。

监控过程组。跟踪、审查和调整项目进展与绩效,识别必要的计划变更并启动相应变更的一组过程。

收尾过程组。正式完成或结束项目、阶段或合同所执行的过程。

14. **答案:A**

    参见 PMBOK®指南,第 22 页,1.2.4.4 节。
    项目管理过程可能包含了在整个项目期间相互重叠的活动。

15. **答案:C**

    参见 PMBOK®指南,第 23 页,1.2.4.5 节。
    项目管理过程通过具体的输入和输出相互联系,即一个过程的成果或结果可能成为另一个过程(不一定在同一过程组)的输入。

16. **答案:C**

    参见 PMBOK®指南,第 34~35 页,1.2.6.4 节。
    确定项目是否成功是项目管理中最常见的挑战之一。时间、成本、范围和质量等项目管理测量指标历来被视为确定项目是否成功的最重要的因素。最近，从业者和学者提出，确定项目是否成功还应考虑项目目标的实现情况。关于项目成功的定义和最重要的因素，项目相关方可能有不同的看法。明确记录项目目标并选择可测量的目标是项目成功的关键。

17. 答案：C

参见 PMBOK®指南，第 30~32 页，1.2.6.1 节。

商业论证列出了项目启动的目标和理由。它有助于在项目结束时根据项目目标衡量项目是否成功。商业论证是一种项目商业文件，可在整个项目生命周期中使用。在项目启动之前通过商业论证，可能做出继续/终止项目的决策。

18. 答案：A

参见 PMBOK®指南，第 33 页，1.2.6.2 节。

效益管理计划描述了效益的关键要素，可能包括（但不限于）记录以下内容：

- 目标效益（如预计通过项目实施可以创造的有形价值和无形价值；财务价值体现为净现值）；
- 战略一致性（如项目效益与组织业务战略的一致程度）；
- 实现效益的时限（如阶段效益、短期效益、长期效益和持续效益）；
- 效益责任人（如在计划确定的整个时限内负责监督、记录和报告已实现效益的负责人）；
- 测量指标（如用于显示已实现效益的直接测量值和间接测量

值);
- 假设（如预计存在或显而易见的因素）;
- 风险（如实现效益的风险）。

19. **答案：B**

参见 PMBOK®指南，第 26 页，1.2.4.7 节。

整个项目生命周期需要收集、分析和转化大量的数据。从各个过程收集项目数据，并在项目团队内共享。在各个过程中所收集的数据经过结合相关背景的分析、汇总，并加工成项目信息。信息通过口头形式进行传达，或者以各种格式的报告存储和分发。

在整个项目生命周期中需要定期收集和分析项目数据。关于项目数据和信息的主要术语定义如下：

工作绩效数据。在执行项目工作的过程中，从每个正在执行的活动中收集到的原始观察结果和测量值。例如，包括工作完成百分比、质量和技术绩效测量结果、进度计划活动的开始和结束日期、变更请求的数量、缺陷的数量、实际成本和实际持续时间等。项目数据通常记录在项目管理信息系统和项目文件中。

工作绩效信息。从各控制过程收集，并结合相关背景和跨领域关系进行整合分析而得到的绩效数据。绩效信息的例子包括可交付成果的状态、变更请求的落实情况及预测的完工尚需估算。

工作绩效报告。为制定决策、提出问题、采取行动或引起关注，而汇编工作绩效信息所形成的实物或电子项目文件。例如，包括状况报告、备忘录、论证报告、信息札记、电子仪表盘、推荐意见和情况更新。

工作绩效分析是一项必需的活动，但不是项目数据的来源。

20. 答案：A

参见 PMBOK®指南，第 28 页，1.2.5 节。

由于每个项目都是独特的，所以有必要进行裁剪；并非每个项目都需要 PMBOK®指南所确定的每个过程、工具、技术、输入或输出。裁剪应处理关于范围、进度、成本、资源、质量和风险的相互竞争的制约因素。各个制约因素对不同项目的重要性不一样，项目经理应根据项目环境、组织文化、相关方需求和其他变量裁剪管理这些制约因素的方法。

在裁剪项目管理时，项目经理还应考虑运行项目所需的各个治理层级，并考虑组织文化。此外，还需要考虑来自于组织内部还是外部的项目客户也可能影响项目管理的裁剪决定。合理的项目管理方法论需要考虑项目的独特性，允许项目经理做出一定程度的裁剪。

不过，对某一特定项目而言，方法论中的裁剪法本身可能也需要进行裁剪。

项目运行环境

(PMBOK®指南第 2 章)

21. 答案：D

参见 PMBOK® 指南，第 8 页，2.2.1 节。

事业环境因素

事业环境因素是指项目团队不能控制的，将对项目产生影响、限制或指令作用的各种条件。这些条件可能来自于组织的内部和（或）外部。事业环境因素是很多项目管理过程，尤其是大多数规划过程的输入。这些因素可能提高或限制项目管理的灵活性，并可能对项目结果产生积极或消极的影响。从性质或类型上讲，事业环境因素是多种多样的。有效开展项目，就必须考虑这些因素。事业环境因素包括（但不限于）以下所描述的因素。

以下是组织内部的事业环境因素：

组织文化、结构和治理。例如，包括愿景、使命、价值观、信念、文化规范、领导风格、等级制度和职权关系、组织风格、道德和行为规范。

设施和资源的地理分布。例如，包括工厂位置、虚拟团队、共享系统和云计算。

基础设施。例如，包括现有设施、设备、组织通信渠道、信息技术硬件、可用性和功能。

信息技术软件。例如，包括进度计划软件工具、配置管理系统、进入其他在线自动化系统的网络界面和工作授权系统。

资源可用性。例如，包括合同和采购制约因素，获得批准的供应商、分包商及合作协议。

员工能力。例如，包括现有人力资源的专业知识、技能、能力和特定知识。

以下是组织外部的事业环境因素：

市场条件。例如，包括竞争对手、市场份额、品牌认知度和商标。

社会和文化影响与问题。例如，包括政治氛围、行为规范、道德和观念。

法律限制。例如，包括与安全、数据保护、商业行为、雇用和采购有关的国家或地方法律法规。

商业数据库。例如，包括标杆对照成果、标准化的成本估算数据、行业风险研究资料和风险数据库。

学术研究。例如，包括行业研究、出版物和标杆对照成果。

政府或行业标准。例如，包括与产品、生产、环境、质量和工艺有关的监管机构条例和标准。

财务考虑因素。例如，包括货币汇率、利率、通货膨胀率、关税和地理位置。

物理环境要素。例如，包括工作环境、天气和制约因素。

22. 答案：C

参见 PMBOK®指南，第 48~49 页，2.4.4.3 节。

PMO 有几种不同类型，它们对项目的控制和影响程度各不相同，例如：

支持型。支持型 PMO 担当顾问的角色，向项目提供模板、最佳实践、培训，以及来自于其他项目的信息和经验教训。这种类型的 PMO 其实就是一个项目资源库，对项目的控制程度很低。

控制型。控制型 PMO 不仅给项目提供支持，而且通过各种手段要求项目服从，这种类型的 PMO 对项目的控制程度属于中等。

指令型。指令型 PMO 直接管理和控制项目。项目经理由 PMO 指定并向其报告。这种类型的 PMO 对项目的控制程度很高。

23. **答案：A**

参见 PMBOK®指南，第 49 页，2.4.4.3 节。

项目管理办公室

……

PMO 的一个主要职能是通过各种方式向项目经理提供支持，这些方式包括（但不限于）：

- 对 PMO 所辖的全部项目的共享资源进行管理；
- 识别和制定项目管理方法、最佳实践和标准；
- 指导、辅导、培训和监督；
- 通过项目审计，监督对项目管理标准、政策、程序和模板的遵守程度；
- 制定和管理项目政策、程序、模板和其他共享的文件（组织过程资产）；
- 对跨项目的沟通进行协调。

PMO 通常不会在项目的方向上进行干预，特别是在没有与项目经理沟通的情况下。

24. **答案：C**

参见 PMBOK®指南，第 41 页，2.3.2 节。

隐性知识是一种个人的、难以表达的知识，通常在组织知识库中是找不到的。知识管理的一个重要目的是将隐性知识转化为显性知识，然后将其存储在存储库中。

组织用来存取信息的知识库，包括（但不限于）：

- 配置管理知识库，包括软件和硬件组件版本，以及所有执行组织的标准、政策、程序和任何项目文件的基准；
- 财务数据库，包括人工时、实际成本、预算和成本超支等方面的信息；
- 历史信息与经验教训知识库（如项目记录与文件、完整的项目收尾信息与文件、关于以往项目选择决策的结果及以往项目绩效的信息，以及从风险管理活动中获取的信息）；
- 问题与缺陷管理数据库，包括问题与缺陷的状态、控制信息、解决方案及相关行动的结果；
- 测量指标数据库，用来收集与提供过程和产品的测量数据；
- 以往项目的项目档案（如范围、成本、进度与绩效测量基准，项目日历，项目进度网络图，风险登记册，风险报告及相关方登记册）。

25. 答案：B

参见 PMBOK®指南，第 39 页，2.2.2 节。

事业环境因素

事业环境因素是指项目团队不能控制的，将对项目产生影响、限制或指令作用的各种条件。这些条件可能来自于组织的内部和（或）外部。事业环境因素是很多项目管理过程，尤其是大多数规划过程的输入。这些因素可能提高或限制项目管理的灵活性，并可能对项目结果产生积极或消极的影响。从性质或类型上讲，事业环境因素是多种多样的。有效开展项目，就必须考虑这些因素。事业环境因素包括（但不限于）以下所描述的因素。

以下是组织内部的事业环境因素：

组织文化、结构和治理。例如，包括愿景、使命、价值观、信念、文化规范、领导风格、等级制度和职权关系、组织风格、道德和行为规范。

设施和资源的地理分布。例如，包括工厂位置、虚拟团队、共享系统和云计算。

基础设施。例如，包括现有设施、设备、组织通信渠道、信息技术硬件、可用性和功能。

信息技术软件。例如，包括进度计划软件工具、配置管理系统、进入其他在线自动化系统的网络界面和工作授权系统。

资源可用性。例如，包括合同和采购制约因素，获得批准的供应商、分包商及合作协议。

员工能力。例如，包括现有人力资源的专业知识、技能、能力和特定知识。

以下是组织外部的事业环境因素：

市场条件。例如，包括竞争对手、市场份额、品牌认知度和商标。

社会和文化影响与问题。例如，包括政治氛围、行为规范、道德和观念。

法律限制。例如，包括与安全、数据保护、商业行为、雇用和采购有关的国家或地方法律法规。

商业数据库。例如，包括标杆对照成果、标准化的成本估算数据、行业风险研究资料和风险数据库。

学术研究。例如，包括行业研究、出版物和标杆对照成果。

政府或行业标准。例如，包括与产品、生产、环境、质量和工艺有关的监管机构条例和标准。

财务考虑因素。例如，包括货币汇率、利率、通货膨胀率、关税和地理位置。

物理环境要素。例如，包括工作环境、天气和制约因素。

组织价值和原则，虽然没有明确说明，但与组织文化有关，因此是组织内部的。

26. **答案：C**

参见 PMBOK®指南，第 39 页，2.3 节。

组织过程资产是执行组织所特有并使用的计划、过程、政策、程序和知识库，会影响对具体项目的管理。组织过程资产可分成以下两大类：
- 过程、政策和程序；
- 组织知识库。

27. **答案：B**

参见 PMBOK®指南，第 40 页，2.3.1 节。

组织用于执行项目工作的流程与程序，包括（但不限于）：
- 指南和标准，用于裁剪组织标准流程和程序以满足项目的特定要求；
- 特定的组织标准，例如，政策（如人力资源政策、健康与安全政策、安保与保密政策、质量政策、采购政策和环境政策）；
- 产品和项目生命周期，以及方法和程序（如项目管理方法、评估指标、过程审计、改进目标、核对单、组织内使用的标准化的过程定义）；
- 模板（如项目管理计划、项目文件、项目登记册、报告格式、合同模板、风险分类、风险描述模板、概率与影响的定义、概率和影响矩阵，以及相关方登记册模板）；
- 预先批准的供应商清单和各种合同协议类型（如总价合同、成本补偿合同和工料合同）。

跟踪矩阵是项目执行过程中重要的考虑因素。

28. 答案：D

参见 PMBOK®指南，第 40~41 页，2.3.1 节。
组织用于执行项目工作的流程与程序，包括（但不限于）：
- 变更控制程序，包括修改组织标准、政策、计划和程序（或任何项目文件）所必须遵循的步骤，以及如何批准和确认变更；
- 跟踪矩阵；
- 财务控制程序（如定期报告、必需的费用与支付审查、会计编码及标准合同条款等）；
- 问题与缺陷管理程序（如定义问题和缺陷控制、识别与解决问题和缺陷，以及跟踪行动方案）；
- 资源的可用性控制和分配管理；
- 组织对沟通的要求（如可用的沟通技术、许可的沟通媒介、记录保存政策、视频会议、协同工具和安全要求）；

- 确定工作优先顺序、批准工作与签发工作授权的程序；
- 模板（如风险登记册、问题日志和变更日志）；
- 标准化的指南、工作指示、建议书评价准则和绩效测量准则；
- 产品、服务或成果的核实和确认程序。

项目收尾过程组中的组织过程资产中包含了项目结束的指南。

29. 答案：D

参见 PMBOK®指南，第 42 页，2.4.1 节。

运行项目时需要应对组织结构和治理框架带来的制约因素。为有效且高效地开展项目，项目经理需要了解组织内的职责、终责和职权的分配情况。这有助于项目经理有效地利用其权力、影响力、能力、领导力和政治能力成功完成项目。单个组织内多种因素的交互影响创造出一个独特的系统，会对在该系统内运行的项目造成影响。这种组织系统决定了组织系统内部人员的权力、影响力、利益、能力和政治能力。系统因素包括（但不限于）：

- 管理要素；
- 治理框架；
- 组织结构类型。

项目经理应该考虑基于系统因素对项目管理过程进行裁剪。

30. 答案：A

参见 PMBOK®指南，第 42 页，2.4.1 节。

系统通常由组织管理层负责。组织管理层检查组件与系统之间的优化权衡，以便采取合适的措施为组织实现最佳结果。这一检查工作的结果将对相应的项目造成影响。

31. 答案：C

参见 PMBOK®指南，第 43 页，2.4.2.1 节。

治理是在组织内行使职权的框架，其包括（但不限于）：
- 规则；
- 政策；
- 程序；
- 规范；
- 关系；
- 系统；
- 过程。

这个框架会影响：
- 组织目标的设定和实现方式；
- 风险监控和评估方式；
- 绩效优化方式。

指定的特定底层技术细节通常不属于治理的范畴。

32. 答案：A

参见 PMBOK®指南，第 44~45 页，2.4.3 节。

管理要素指组织内部关键职能部门或一般管理原则的组成部分。组织根据其选择的治理框架和组织结构类型分配一般管理要素。

项目经理的角色

(PMBOK®指南第 3 章)

33. 答案：D

参见 PMBOK®指南，第 60 页，3.4.4 节。

领导力技能

领导力技能包括指导、激励和带领团队的能力。这些技能可能包括协商、抗压、沟通、解决问题、批判性思考和人际关系技能等基本能力。随着越来越多的公司通过项目执行战略，项目变得越来越复杂。项目管理不仅仅涉及数字、模板、图表、图形和计算机系统方面的工作。人是所有项目中的共同点。人可以计数，但不仅仅是数字。

34. 答案：A

参见 PMBOK®指南，第 53 页，3.3.2 节。

项目

与团队和发起人等相关方沟通的能力适用于项目的各个方面，包括（但不限于）以下各个方面：

- 通过多种方法（如口头、书面和非言语）培养完善的技能；
- 创建、维护和遵循沟通计划和进度计划；
- 不断地以可预见的方式进行沟通；
- 寻求了解项目相关方的沟通需求（沟通可能是某些相关方在最终产品或服务实现之前获取信息的唯一渠道）；
- 以简练、清晰、完整、简单、相关和经过裁剪的方式进行沟通；
- 包含重要的正面和负面消息；
- 合并反馈渠道；
- 人际关系技能，即通过项目经理的影响力范围拓展广泛的人际网络。这些人际网络包括正式的人际网络，例如，组织架构图；但项目经理发展、维护和培养的非正式人际网络更加重要。非正式人际网络包括与主题专家和具有影响力的领导者建立的个人人际关系。通过这些正式和非正式的人际网络，项目经理可以让很多人参与解决问题并探询项目中遇到的官僚主义障碍。

35. **答案：C**

参见 PMBOK®指南，第 66 页，3.4.5.2 节。

个性

个性指人与人之间在思维、情感和行为的特征模式方面的差异。个人性格特点或特征可能包括（但不限于）：

……

- 文化（例如，具备对其他文化的敏感性，包括价值观、规范和信仰）；
- 情绪（例如，能够感知情绪及其包含的信息并管理情绪，衡量人际关系技能）。

36. **答案：A**

参见 PMBOK®指南，第 66 页，3.5 节。

执行项目整合时，项目经理承担双重角色：

项目经理扮演重要角色，与项目发起人携手合作，要了解战略目标并确保项目目标和成果与项目组合、项目集及业务领域保持一致。项目经理以这种方式有助于项目的整合与执行。

在项目层面上，项目经理负责指导团队关注真正重要的事务并协同工作。为此，项目经理需要整合过程、知识和人员。

37. 答案：C

参见 PMBOK®指南，第 66~67 页，3.5 节，3.5.1 节，3.5.2 节，3.5.3 节。

整合是项目经理的一项关键技能。在以下三个不同层面发生整合：过程层面、认知层面和背景层面。

过程层面的整合

项目管理可被看作为实现项目目标而采取的一系列过程和活动。有些过程可能只发生一次（如项目章程的初始创建），但很多过程在整个项目期间会相互重叠并重复发生多次。这种重叠和多次出现的过程，比如需求变更，它会影响范围、进度或预算，并需要提出变更请求。控制范围过程和实施整体变更控制等若干项目管理过程可包括变更请求。在整个项目期间实施整体变更控制过程是为了整合变更请求。

认知层面的整合

管理项目的方法有很多，而方法的选择通常取决于项目的具体特点，包括规模、项目或组织的复杂性，以及执行组织的文化。显然，项目经理的人际关系技能和能力与其管理项目的方式有紧密的关系。项目经理应尽量掌握所有项目管理知识领域。熟练掌握这些知识领域之后，项目经理可以将经验、见解、领导力、技术及商业管理技能运用到项目管理中。最后，项目经理需要整合这些知识领域所涵盖的过程才有可能实现预期的项目结果。

背景层面的整合

与几十年前相比,当今企业和项目所处的环境有了很大的变化。新技术不断涌现。社交网络、多元文化、虚拟团队和新的价值观都是项目所要面临的全新现实。整合涉及多个组织的、大规模、跨职能项目实施中的知识和人员便是一例。项目经理在指导项目团队进行沟通规划和知识管理时需要考虑这个背景所产生的影响。

38. 答案:D

参见 PMBOK®指南,第 68 页,3.5 节。

项目的复杂性来源于组织的系统行为、人类行为及组织或环境中的不确定性。复杂性的三个维度定义为:

- 系统行为。组成部分与系统之间的依赖关系。
- 人类行为。不同个体和群体之间的相互作用。
- 不明确性。出现问题、缺乏理解或造成困惑引发的不确定性。

39. 答案:D

参见 PMBOK®指南,第 51 页,3.1 节。

项目经理在领导项目团队达成项目目标方面发挥至关重要的作用。在整个项目期间,这个角色的作用非常明显。很多项目经理从项目启动时参与项目,直到项目结束。不过,在某些组织内,项目经理可能在项目启动之前就参与评估和分析活动。这些活动可能包括咨询管理层和业务部门领导者的想法,以推进战略目标的实现、提高组织绩效,或者满足客户需求。某些组织可能还要求项目经理管理或协助项目的商业分析、商业论证的制定及项目组合管理事宜。项目经理还可能参与后续跟进活动，以实现项目的商业效益。不同组织对项目经理的角色有不同的定义，但本质上它们的裁剪方式都一样——项目管理角色需要符合组织需求，如同项目管理过程需要符合项目需求一般。

40. 答案：A

参见 PMBOK®指南，第 52~53 页，3.3.1 节。

项目经理在其影响力范围内担任多种角色。这些角色反映了项目经理的能力，体现了项目经理这一职业的价值和作用。图 3-1 说明了项目经理影响力的一些实例。

41. 答案：B

参见 PMBOK®指南，第 56 页，第 3.4.1 节。

近期的 PMI 研究通过 PMI 人才三角®指出了项目经理根据《项目经理能力发展（PMCD）框架》需要具备的技能。人才三角重点关注三个关键技能组合：

- 技术项目管理。与项目、项目集和项目组合管理特定领域相关的知识、技能和行为，即角色履行的技术方面。
- 领导力。指导、激励和带领团队所需的知识、技能和行为，可帮助组织达成业务目标。
- 战略和商务管理。关于行业和组织的知识和专业技能，有助于提高绩效并取得更好的业务成果。

42. 答案：D

参见 PMBOK® 指南，第 64 页，3.4.5 节，表 3-1。

"领导力"和"管理"这两个词经常被互换使用，但它们并不是同义词。"管理"更接近于运用一系列已知的预期行为指示另一个人从一个位置到另一个位置。相反，"领导力"指通过讨论或辩论与他人合作，带领他们从一个位置到另一个位置。

项目经理所选择的方法体现了他们在行为、自我认知和项目角色方面的显著差异。表 3-1 从几个重要的层面对管理和领导力进行比较。

为获得成功，项目经理必须同时采用领导力和管理这两种方式。技巧在于如何针对各种情况找到恰当的平衡点。项目经理的领导风格通常体现了他们所采用的管理和领导力方式。

43. 答案：B

参见 PMBOK® 指南，第 62~63 页，3.4.4.3 节。

B 是最佳选项，因为这是最全面的反映。A 和 C 不是最佳选项，因为它们不如 B 选项全面（另外，文化也没有列在这一节中，尽管它可以成为软实力的来源）。D 是正确的，但是还是没有 B 选项更全面。

权力的不同形式在 3.4.4.3 节有记录，包括但不限于：

- 地位（有时称为正式的、权威的、合法的，例如，组织或团队授予的正式职位）；
- 信息（例如，收集或分发的控制）；
- 参考（例如，因为他人的尊重和赞赏，获得的信任）；

- 情境（例如，在危机等特殊情况下获得的权力）；
- 个性或魅力（例如，魅力、吸引力）；
- 关系（例如，参与人际交往、联系和结盟）；
- 专家（例如，拥有的技能和信息、经验、培训、教育、证书）；
- 奖励相关的（例如，能够给予表扬、金钱或其他奖励）；
- 处罚或强制力（例如，给予纪律处分或施加负面后果的能力）；
- 迎合（例如，运用顺从或其他常用手段赢得青睐或合作）；
- 施加压力（例如，限制选择或活动自由，以符合预期的行动）；
- 出于愧疚（例如，强加的义务或责任感）；
- 说服力（例如，能够提供论据，使他人执行预期的行动方案）；
- 回避（例如，拒绝参与）。

44. 答案：D

参见 PMBOK®指南，第66页，3.4.5.2节。

个性指人与人之间在思维、情感和行为的特征模式方面的差异。个人性格特点或特征可能包括（但不限于）：

- 真诚（例如，接受他人不同的个性，表现出包容的态度）；
- 谦恭（例如，能够举止得体、有礼貌）；
- 创造力（例如，抽象思维、不同看法、创新的能力）；
- 文化（例如，具备对其他文化的敏感性，包括价值观、规范和

信仰);
- 情绪(例如,能够感知情绪及其包含的信息并管理情绪,衡量人际关系技能);
- 智力(例如,以多元智能理论衡量人的智商);
- 管理(例如,管理实践和潜力的衡量);
- 政治(例如,政治智商和把事办好的衡量);
- 以服务为导向(例如,展现出愿意服务他人的态度);
- 社会(例如,能够理解和管理他人);
- 系统化(例如,了解和构建系统的驱动力)。

高效的项目经理在上述各个方面都具备一定程度的能力。每个项目、组织和情况都要求项目经理重视个性的不同方面。

45. 答案:B

参见 PMBOK®指南,第 65 页,3.4.5.1 节。

项目经理领导团队的方式可以分为很多种。项目经理可能出于个人偏好或在综合考虑了与项目有关的多个因素之后选择领导力风格。

项目经理可以采用的多种领导力风格。在这些风格中,最常见的包括(但不限于):

- 放任型领导(例如,允许团队自主决策和设定目标,又被称为"无为而治");
- 交易型领导(例如,关注目标、反馈和成就以确定奖励,例外管理);
- 服务型领导(例如,做出服务承诺,处处先为他人着想;关注他人的成长、学习、发展、自主性和福祉;关注人际关系、团体与合作；服务优先于领导）；
- 变革型领导（例如，通过理想化特质和行为、鼓舞性激励、促进创新和创造，以及个人关怀提高追随者的能力）；
- 魅力型领导（例如，能够激励他人；精神饱满、热情洋溢、充满自信；说服力强）；
- 交互型领导（例如，结合了交易型、变革型和魅力型领导的特点）。

46. 答案：B

参见 PMBOK®指南，第 68 页，3.5.4 节。

作为项目的一种特征或属性，复杂性通常被定义为：
- 包含多个部分；
- 不同部分之间存在一系列连接；
- 不同部分之间有动态交互作用；
- 这些交互作用所产生的行为远远大于各部分简单的相加（例如，突发性行为）。

47. 答案：D

参见 PMBOK®指南，第 51~52 页，3.1 节。

项目经理和交响乐队的指挥在管理团队成员与角色、对团队所负有的责任、适当的知识和技能方面是相似的。然而，不同于那些应该拥有音乐知识和对所有乐器的理解的指挥家，项目经理可能没有类似的知识水平，对项目的所有活动都有相同的认识。项目经理应具备项目管理知识、技术知识、理解能力，以及对整个项目的有效管理的经验。

项目整合管理

（PMBOK®指南第4章）

48. 答案：A

参见 PMBOK®指南，第 70 页，本章序言和第 71 页，图 4-1。

项目整合管理

项目整合管理过程包括：

4.1 制定项目章程——编写一份正式批准项目并授权项目经理在项目活动中使用组织资源的文件的过程。

4.2 制订项目管理计划——定义、准备和协调项目计划的所有组成部分，并把它们整合为一份综合项目管理计划的过程。

4.3 指导与管理项目工作——为实现项目目标而领导和执行项目管理计划中所确定的工作，并实施已批准变更的过程。

4.4 管理项目知识——使用现有知识并生成新知识，以实现项目目标，并且帮助组织学习的过程。

4.5 监控项目工作——跟踪、审查和报告整体项目进展，以实现项目管理计划中确定的绩效目标的过程。

4.6 实施整体变更控制——审查所有变更请求，批准变更，管理对可交付成果、组织过程资产、项目文件和项目管理计划的变更，并对变更处理结果进行沟通的过程。

4.7 结束项目或阶段——终结项目、阶段或合同的所有活动的过程。

49. 答案：C

参见 PMBOK®指南，第 75~77 页，4.1 节。

制定项目章程

制定项目章程是编写一份正式批准项目并授权项目经理在项目活

动中使用组织资源的文件的过程。本过程的主要作用是，明确项目与组织战略目标之间的直接联系，确立项目的正式地位，并展示组织对项目的承诺。本过程仅开展一次或仅在项目的预定义点开展。

项目章程在项目执行组织与需求组织之间建立起伙伴关系。在执行外部项目时，通常需要用正式的合同来达成合作协议。在这种情况下，可能仍要用项目章程来建立组织内部的合作关系，以确保正确交付合同内容。项目章程一旦被批准，就标志着项目的正式启动。在项目中，应尽早确认并任命项目经理，最好在制定项目章程时就任命，且总应在规划开始之前任命。项目章程可由发起人编制，或者由项目经理与发起机构合作编制。通过这种合作，项目经理可以更好地了解项目目的、目标和预期效益，以便更有效地向项目活动分配资源。项目章程授权项目经理规划、执行和控制项目。

50. 答案：D

参见 PMBOK®指南，第 95 页，4.3.2.2 节。

项目管理信息系统

项目管理信息系统提供信息技术软件工具，例如，进度计划软件工具、工作授权系统、配置管理系统、信息收集与发布系统，以及进入其他在线自动化系统（如公司知识库）的界面。自动收集和报告关键绩效指标可以是本系统的一项功能。

51. 答案：D

参见 PMBOK®指南，第 118 页，4.2.6.1 节和第 120 页和第 138 页，4.6.2.5 节。

实施整体变更控制：工具与技术

专家判断

应该就以下主题，考虑征求具备以下相关专业知识或接受过相关培训的个人或小组的意见：

- 关于项目所在的行业及项目关注的领域的技术知识；
- 法律法规；
- 法规与采购；
- 配置管理；
- 风险管理。

会议

与变更控制委员会一起召开变更控制会议。变更控制委员会负责审查变更请求，并做出批准、否决或推迟的决定。大部分变更会对时间、成本、资源或风险产生一定的影响，因此，评估变更的影响也是会议的基本工作。此外，会议上可能还要讨论并提议所请求变更的备选方案。最后，将会议决定传达给提出变更请求的责任人或小组。变更控制委员会也可以审查配置管理活动。应该明确规定变更控制委员会的角色和职责，并经相关方一致同意后，记录在变更管理计划中。变更控制委员会的决定都应记录在案，并向相关方传达，以便其知晓并采取后续行动。

52. 答案：A

参见 PMBOK®指南，第 113 页和第 115 页，4.6 节。

实施整体变更控制

实施整体变更控制是审查所有变更请求、批准变更，管理对可交付成果、项目文件和项目管理计划的变更,并对变更处理结果进行沟通的过程。本过程审查对项目文件、可交付成果或项目管理计划的所有变更请求,并决定对变更请求的处置方案。本过程的主要作用是确保对项目中已记录在案的变更做综合评审。如果不考虑变更对整体项目目标或计划的影响就开展变更,往往会加剧整体项目风险。本过程需要在整个项目期间开展。

实施整体变更控制过程贯穿项目始终,项目经理对此承担最终责任。变更请求可能影响项目范围、产品范围,以及任一项目管理计划组件或任一项目文件。在整个项目生命周期的任何时间,参与项目的任何相关方都可以提出变更请求。变更控制的实施程度,取决于项目所在应用领域、项目复杂程度、合同要求,以及项目所处的背景与环境。在基准确定之前,变更无须正式受控于实施整体变更控制过程。一旦确定了项目基准,就必须通过本过程来处理变更请求。依照常规,每个项目的配置管理计划应规定哪些项目工件受控于配置控制程序。对配置要素的任何变更都应该提出变更请求,并经过正式控制。尽管可以口头提出,但所有变更请求都必须以书面形式记录,并纳入变更管理和(或)配置管理系统中。在批准变更之前,可能需要了解变更对进度的影响和对成本的影响。在变更请求可能影响任一项目基准的情况下,都需要开展正式的整体变更控制过程。每项记录在案的变更请求都必须由一位责任人批准、推迟或否决,这个责任人通常是项目发起人或项目经理。应该在项目管理计划或组织程序中指定这位责任人,必要时,应该由变更控制委员会来开展实施整体变更控制过程。变更控制委员会是一个正式组成的团体,负责审查、评价、批准、推迟或否决项目变更,以及记录和传达变更处理决定。变更请求得到批准后,可能需要新编(或修订)成本估算、活动排序、进度日期、资源需求和（或）风险应对方案分析，这些变更可能要求调整项目管理计划和其他项目文件。某些特定的变更请求，在变更控制委员会批准之后，可能还需要得到客户或发起人的批准，除非他们本身就是变更控制委员会的成员。

53. 答案：B

参见 PMBOK®指南，第 11 页，4.6.2.2 节。

变更控制工具

配置控制重点关注可交付成果及各个过程的技术规范，而变更控制着眼于识别、记录、批准或否决对项目文件、可交付成果或基准的变更。

54. 答案：C

参见 PMBOK®指南，第 115 页，4.6 节和术语表。

每项记录在案的变更请求都必须由一位责任人批准、推迟或否决，这个责任人通常是项目发起人或项目经理。应该在项目管理计划或组织程序中指定这位责任人，必要时，应该由变更控制委员会来开展实施整体变更控制过程。变更控制委员会是一个正式组成的团体，负责审查、评价、批准、推迟或否决项目变更，以及记录和传达变更处理决定。变更请求得到批准后，可能需要新编（或修订）成本估算、活动排序、进度日期、资源需求和（或）风险应对方案分析，这些变更可能要求调整项目管理计划和其他项目文件。某些特定的变更请求，在变更控制委员会批准之后，可能还需要得到客户或发起人的批准，除非他们本身就是变更控制委员会的成员。

变更控制委员会：一个正式组成的团体，负责审议、评价、批准、推迟或否决项目变更，以及记录和传达变更处理决定。

55. **答案：B**

参见 PMBOK®指南，第 118~119 页，4.6.2.2 节。

变更控制工具

工具的选择应基于项目相关方的需要，包括考虑组织和环境情况和（或）制约因素。工具应支持以下配置管理活动：

- 识别配置项。识别与选择配置项，从而为定义与核实产品配置、标记产品和文件、管理变更和明确责任提供基础。
- 记录并报告配置项状态。关于各个配置项的信息记录和报告。
- 进行配置项核实与审计。通过配置核实与审计，确保项目的配置项组成的正确性，以及相应的变更都被登记、评估、批准、跟踪和正确实施，从而确保配置文件所规定的功能要求都已实现。

工具还应支持以下变更管理活动：

- 识别变更。识别并选择过程或项目文件的变更项。
- 记录变更。将变更记录为合适的变更请求。
- 做出变更决定。审查变更，批准、否决、推迟对项目文件、可交付成果或基准的变更或做出其他决定。
- 跟踪变更。确认变更被登记、评估、批准、跟踪并向相关方传达最终结果。也可以使用工具来管理变更请求和后续的决策，同时还要格外关注沟通，以帮助变更控制委员会的成员履行职责，以及向相关方传达决定。

56. 答案：A

参见 PMBOK®指南，第 121 页和第 123 页，4.7 节。

结束项目或阶段

结束项目或阶段是终结项目、阶段或合同的所有活动的过程。本过程的主要作用是，存档项目或阶段信息，完成计划的工作，释放组织团队资源以展开新的工作。它仅开展一次或仅在项目的预定义点开展。

在结束项目时，项目经理需要回顾项目管理计划，确保所有项目工作都已完成及项目目标均已实现。项目或阶段行政收尾所需的必要活动包括（但不限于）：

- 为达到阶段或项目的完工或退出标准所必需的行动和活动，例如：
  — 确保所有文件和可交付成果都已是最新版本，且所有问题都已得到解决；
  — 确认可交付成果已交付给客户并已获得客户的正式验收；
  — 确保所有成本都已记入项目成本账户；
  — 关闭项目账户；
  — 重新分配人员；
  — 处理多余的项目材料；
  — 重新分配项目设施、设备和其他资源；
  — 根据组织政策编制详尽的最终项目报告。

- 为关闭项目合同协议或项目阶段合同协议所必须开展的活动，例如：
  — 确认卖方的工作已通过正式验收；

— 最终处置未决索赔；

— 更新记录以反映最后的结果；

— 存档相关信息供未来使用。

- 为完成下列工作所必须开展的活动：

    — 收集项目或阶段记录；

    — 审计项目成败；

    — 管理知识分享和传递；

    — 总结经验教训；

    — 存档项目信息以供组织未来使用。

- 为向下一个阶段，或者向生产和（或）运营部门移交项目的产品、服务或成果所必须开展的行动和活动。

- 收集关于改进或更新组织政策和程序的建议，并将它们发送给相应的组织部门。

- 测量相关方的满意程度。如果项目在完工前就提前终止，结束项目或阶段过程还需要制定程序，来调查和记录提前终止的原因。为了实现上述目的，项目经理应该引导所有合适的相关方参与本过程。

57. 答案：D

参见 PMBOK®指南，第 112~113 页，4.5.3 节和第 127~128 页，4.7.3 节。

监控项目工作：输出

- 工作绩效报告；
- 变更请求；

- 项目管理计划更新；
- 项目文件更新；

结束项目或阶段：输出

- 项目文件更新；
- 最终的产品、服务或成果移交；
- 最终报告；
- 组织过程资产更新。

58. 答案：B

参见 PMBOK® 指南，第 100~102 页，4.4.1 节。

管理项目知识：输入

1. 项目管理计划
2. 项目文件

可作为本过程输入的项目文件包括（但不限于）：

- 经验教训登记册；
- 项目团队派工单；
- 资源分解结构；
- 相关方登记册。

3. 可交付成果
4. 事业环境因素
5. 组织过程资产

59. 答案：D

参见 PMBOK® 指南，第 102~103 页，4.4.2 节。

项目整合管理　161

管理项目知识：工具与技术

1. 专家判断
2. 知识管理

工具和技术包括但不限于：

- 工作跟随和跟随指导；
- 讨论论坛，如焦点小组；
- 知识分享活动，如专题讲座和会议；
- 研讨会，包括问题解决会议和经验教训总结会议；
- 讲故事。

3. 信息管理
4. 人际关系与团队技能

60. 答案：D

参见 PMBOK®指南，第 104 页，4.4.3.1 节。

经验教训登记册

经验教训登记册可以包含情况的类别和描述，经验教训登记册还可包括与情况相关的影响、建议和行动方案。经验教训登记册可以记录遇到的挑战、问题、意识到的风险和机会，或者其他适用的内容。经验教训登记册在项目早期创建，作为本过程的输出。因此，在整个项目期间，它可以作为很多过程的输入，也可以作为输出而不断更新。参与工作的个人和团队也参与记录经验教训。可以通过视频、图片、音频或其他合适的方式记录知识，确保有效吸取经验教训。在项目或阶段结束时，把相关信息归入经验教训知识库，成为组织过程资产的一部分。

项目范围管理

(PMBOK®指南第 5 章)

61. 答案：D

参见 PMBOK®指南，第 137 页，5.1.3.1 节。

范围管理计划

范围管理计划是项目管理计划的组成部分，描述将如何定义、制定、监督、控制和确认项目范围。范围管理计划要对将用于下列工作的管理过程做出规定：

- 制定项目范围说明书；
- 根据详细项目范围说明书创建 WBS；
- 确定如何审批和维护范围基准；
- 正式验收已完成的项目可交付成果。

根据项目需要，范围管理计划可以是正式或非正式的，非常详细或高度概括的。

62. 答案：C

参见 PMBOK®指南，第 138~140 页，5.2 节。

收集需求

PMBOK®指南并没有专门讨论产品需求，因为产品需求因行业而异。《从业者商业分析：实践指南》提供了有关产品需求的更深入信息。让相关方积极参与需求的探索和分解工作（分解成项目和产品需求），并仔细确定、记录和管理对产品、服务或成果的需求，能直接促进项目成功。需求是指根据特定协议或其他强制性规范，产品、服务或成果必须具备的条件或能力。它包括发起人、客户和其他相关方的已量化且书面记录的需要和期望。应该足够详细地探明、分析和记录这些需求，将其包含在范围基准中，并在项目执行开始后对其进行测量。需求将成为工作分解结构的基础，也将成为成本、进度、质量和采购规划的基础。

63. 答案：D

参见 PMBOK® 指南，第 140 页，5.2.1 节。

收集需求：输入

相关方登记册用于识别能够提供需求信息的相关方，同时也获取了相关方对项目的需求和期望。

64. 答案：D

参见 PMBOK® 指南，第 148~149 页，5.2.3.2 节和图 5-7。

需求跟踪矩阵

需求跟踪矩阵是把产品需求从其来源连接到能满足需求的可交付成果的一种表格。使用需求跟踪矩阵，把每个需求与业务目标或项目目标联系起来，有助于确保每个需求都具有商业价值。需求跟踪矩阵提供了在整个项目生命周期中跟踪需求的一种方法，有助于确保需求文件中被批准的每项需求在项目结束的时候都能交付。最后，需求跟踪矩阵还为管理产品范围变更提供了框架。

跟踪需求包括（但不限于）：
- 业务需要、机会、目的和目标；
- 项目目标；
- 项目范围和 WBS 可交付成果；
- 产品设计；
- 产品开发；

项目范围管理 165

- 测试策略和测试场景；
- 高层级需求到详细需求。

应在需求跟踪矩阵中记录每个需求的相关属性，这些属性有助于明确每个需求的关键信息。需求跟踪矩阵中记录的典型属性包括唯一标识、需求的文字描述、收录该需求的理由、所有者、来源、优先级别、版本、当前状态（如进行中、已取消、已推迟、新增加、已批准、被分配和已完成）和状态日期。为确保相关方满意，可能需要增加一些补充属性，如稳定性、复杂性和验收标准。图 5-7 是需求跟踪矩阵示例，其中列有相关的需求属性。

65. 答案：C

参见 PMBOK®指南，第 150 页，图 5-8 和第 154 页，5.3.3 节。
定义范围：输出
1. 项目范围说明书
2. 项目文件更新
- 假设日志
- 需求文件
- 需求跟踪矩阵
- 相关方登记册

66. 答案：A

参见 PMBOK®指南，第 154~155 页，表 5-1 和 5.3.3.1 节。
项目范围说明书
项目范围说明书是对项目范围、主要可交付成果、假设条件和制约因素的描述。它记录了整个范围，包括项目和产品范围；详细描述了项目的可交付成果；还代表项目相关方之间就项目范围所达成的共识。为便于管理相关方的期望，项目范围说明书可明确指出哪些工作不属于本项目范围。项目范围说明书使项目团队能进行更详细的规划，在执行过程中指导项目团队的工作，并为评价变更请求或额外工作是否超过项目边界提供基准。项目范围说明书描述要做和不要做的工作的详细程度，决定着项目管理团队控制整个项目范围的有效程度。详细的项目范围说明书包括以下内容（可能直接列出或参引其他文件）：

- 产品范围描述。逐步细化在项目章程和需求文件中所述的产品、服务或成果的特征。
- 可交付成果。为完成某一过程、阶段或项目而必须产出的任何独特并可核实的产品、成果或服务能力，可交付成果也包括各种辅助成果，如项目管理报告和文件。对可交付成果的描述可略可详。
- 验收标准。可交付成果通过验收前必须满足的一系列条件。
- 项目的除外责任。识别排除在项目之外的内容。明确说明哪些内容不属于项目范围，有助于管理相关方的期望及减少范围蔓延。虽然项目章程和项目范围说明书的内容存在一定程度的重叠，但它们的详细程度完全不同。项目章程包含高层级的信息，而项目范围说明书是对范围组成部分的详细描述，这些组成部分需要在项目过程中渐进明细。

项目范围管理 167

67. 答案：A

参见 PMBOK®指南，第 156~157 页，5.4 节。

创建工作分解结构

创建工作分解结构是把项目可交付成果和项目工作分解成较小、更易于管理的组件的过程。本过程的主要作用是，为所要交付的内容提供架构，它仅开展一次或仅在项目的预定义点开展。

工作分解结构是对项目团队为实现项目目标、创建所需可交付成果而需要实施的全部工作范围的层级分解。工作分解结构组织并定义了项目的总范围，代表着经批准的当前项目范围说明书中所规定的工作。

68. 答案：A

参见 PMBOK®指南，第 154 页，5.3.3.1 节，第 415 页，11.2.2.3 节和术语表。

5.3.3.1 节：为便于管理相关方的期望，项目范围说明书可明确指出哪些工作不属于本项目范围。

11.2.2.3 节：通过清除或放松会影响项目或过程执行的制约因素，可以创造出机会。

术语表：一个影响项目、项目集、项目组合或过程执行的制约因素。

69. 答案：B

参见 PMBOK®指南，第 150~153 页，5.3 节和图 5-8。

定义范围：输入

1. 项目章程
2. 项目管理计划
- 范围管理计划
3. 项目文件
- 假设日志
- 需求文件
4. 事业环境因素
5. 组织过程资产

70. 答案：A

参见 PMBOK®指南，第 156~157 页，5.4 节。

创建 WBS

创建工作分解结构是把项目可交付成果和项目工作分解成较小、更易于管理的组件的过程。本过程的主要作用是，为所要交付的内容提供架构，它仅开展一次或仅在项目的预定义点开展。

WBS 是对项目团队为实现项目目标、创建所需可交付成果而需要实施的全部工作范围的层级分解。WBS 组织并定义了项目的总范围，代表着经批准的当前项目范围说明书中所规定的工作。

71. 答案：B

参见 PMBOK®指南，第 161 页，5.4.3.1 节。

范围基准

WBS。WBS 是对项目团队为实现项目目标、创建所需可交付成果而需要实施的全部工作范围的层级分解。工作分解结构每向下分解一层，代表对项目工作更详细的定义。

72. 答案：A

参见 PMBOK®指南，第 163~164 页，5.5 节。

确认范围

确认范围是正式验收已完成的项目可交付成果的过程。本过程的主要作用是，使验收过程具有客观性；同时通过确认每个可交付成果，来提高最终产品、服务或成果获得验收的可能性。

确认范围过程与控制质量过程的不同之处在于，前者关注可交付成果的验收，后者关注可交付成果的正确性及是否满足质量要求。控制质量过程通常先于确认范围过程，但二者也可同时进行。

73. 答案：B

参见 PMBOK®指南，第 162 页，5.4.3.1 节。

范围基准

WBS 词典。WBS 词典是针对 WBS 中的每个组件，详细描述可交付成果、活动和进度信息的文件。WBS 词典对 WBS 提供支持，其中大部分信息由其他过程创建，然后在后期添加到词典中。WBS 词典中的内容可能包括（但不限于）：

- 账户编码标识；
- 工作描述；
- 假设条件和制约因素；
- 负责的组织；

- 进度里程碑；
- 相关的进度活动；
- 所需资源；
- 成本估算；
- 质量要求；
- 验收标准；
- 技术参考文献；
- 协议信息。

74. 答案：D

参见 PMBOK®指南，第 170~171 页，5.6.3 节，第 160 页，图 5-14，第 167~168 页，图 5-17 和图 5-18。

控制范围的输出包括：

1. 工作绩效信息
2. 变更请求
3. 项目管理计划更新
- 范围管理计划；
- 范围基准；
- 进度基准；
- 成本基准。
4. 项目文件更新
- 经验教训登记册；
- 需求文件；
- 需求跟踪矩阵。

75. 答案：C

参见 PMBOK®指南，第 167~168 页，5.6 节。

控制范围

控制范围是监督项目和产品的范围状态，管理范围基准变更的过程。本过程的主要作用是，在整个项目期间保持对范围基准的维护，且需要在整个项目期间开展。

图 5-17 描述了本过程的输入、工具与技术和输出。图 5-18 是本过程的数据流向图。

控制项目范围确保所有变更请求、推荐的纠正措施或预防措施都通过实施整体变更控制过程（见 4.6 节）进行处理。在变更实际发生时，也要采用控制范围过程来管理这些变更。控制范围过程应该与其他控制过程协调开展。未经控制的产品或项目范围的扩大（未对时间、成本和资源做相应调整）被称为范围蔓延。变更不可避免，因此在每个项目上，都必须强制实施某种形式的变更控制。

76. 答案：D

参见 PMBOK®指南，第 148 页，5.2.3.1 节。

过渡和就绪需求。这些需求描述了从"当前状态"过渡到"将来状态"所需的临时能力，如数据转换和培训需求。

77. 答案：C

参见 PMBOK®指南，第 133 页。

对于需求不断变化、风险大或不确定性高的项目，在项目开始时通常无法明确项目的范围，而需要在项目期间逐渐明确。敏捷方法特意在项目早期缩短定义和协商范围的时间，并为持续探索和明确范围而延长创建相应过程的时间。在许多情况下，不断涌现的需求往往导致真实的业务需求与最初所述的业务需求之间存在差异。因此，敏捷方法有目的地构建和审查原型，并通过多次发布版本来明确需求。这样一来，范围会在整个项目期间被定义和再定义。在敏捷方法中，把需求列入未完项。

项目进度管理

（PMBOK®指南第 6 章）

78. 答案：B

参见 PMBOK® 指南，第 185 页，6.2.2.3 节。

滚动式规划

滚动式规划是一种迭代式的规划技术，即详细规划近期要完成的工作，同时在较高层级上粗略规划远期工作。它是一种渐进明细的规划方式，适用于工作包、规划包，以及采用敏捷或瀑布式方法的发布规划。因此，在项目生命周期的不同阶段，工作的详细程度会有所不同。在早期的战略规划阶段，信息尚不够明确，工作包只能分解到已知的详细水平；而后，随着了解到更多的信息，近期即将实施的工作包就可以分解到具体的活动。

79. 答案：A

参见 PMBOK® 指南，第 189 页，6.3.2.1 节。

紧前关系绘图法

紧前关系绘图法是创建进度模型的一种技术，用节点表示活动，用一种或多种逻辑关系连接活动，以显示活动的实施顺序。紧前关系绘图法包括四种依赖关系或逻辑关系。紧前活动是在进度计划的逻辑路径中，排在非开始活动前面的活动。紧后活动是在进度计划的逻辑路径中，排在某个活动后面的活动。

80. 答案：D

参见 PMBOK® 指南，第 195~196 页，6.4 节。

估算活动持续时间

估算活动持续时间依据的信息包括：工作范围、所需资源类型与技能水平、估算的资源数量和资源日历，而可能影响持续时间估算的其他因素包括对持续时间受到的约束、相关人力投入、资源类型（如固定持续时间、固定人力投入或工作、固定资源数量），以及所采用的进度网络分析技术。应该由项目团队中最熟悉具体活动的个人或小组提供持续时间估算所需的各种输入，对持续时间的估算也应该渐进明细，取决于输入数据的数量和质量。例如，在工程与设计项目中，随着数据越来越详细，越来越准确，持续时间估算的准确性和质量也会越来越高。

用于分析活动持续时间的具体方法不影响持续时间。

81. 答案：A

参见 PMBOK®指南，第 215 页，6.5.2.6 节。

进度压缩技术

进度压缩技术是指在不缩减项目范围的前提下，缩短或加快进度工期，以满足进度制约因素、强制日期或其他进度目标。负值浮动时间分析是一种有用的技术。关键路径是浮动时间最少的方法。在违反制约因素或强制日期时，总浮动时间可能变成负值。两种有效的进度压缩技术分别是赶工和快速跟进。

赶工。通过增加资源，以最小的成本代价来压缩进度工期的一种技术。赶工的例子包括批准加班、增加额外资源或支付加急费用，来加快关键路径上的活动。赶工只适用于那些通过增加资源就能缩短持续时间的，且位于关键路径上的活动。但赶工并非总是切实可行的，因它可能导致风险和/或成本的增加。

82. 答案：B

参见 PMBOK® 指南，第 215 页，6.5.2.6 节。

进度压缩技术

进度压缩技术是指在不缩减项目范围的前提下，缩短或加快进度工期，以满足进度制约因素、强制日期或其他进度目标。负值浮动时间分析是一种有用的技术。关键路径是浮动时间最少的方法。在违反制约因素或强制日期时，总浮动时间可能变成负值。两种有效的进度压缩技术分别是赶工和快速跟进。

快速跟进。一种进度压缩技术，将正常情况下按顺序进行的活动或阶段改为至少部分并行开展。例如，在大楼的建筑图纸尚未全部完成前就开始建地基。快速跟进可能造成返工和风险增加，所以它只适用于能够通过并行活动来缩短关键路径上的项目工期的情况。以防进度加快而使用提前量通常增加相关活动之间的协调工作，并增加质量风险。快速跟进还有可能增加项目成本。

83. 答案：C

参见 PMBOK® 指南，第 191~192 页，6.3.2.2 节。

确定和整合依赖关系

依赖关系可能是强制或选择的，内部或外部的。这四种依赖关系可以组合成强制性外部依赖关系、强制性内部依赖关系、选择性外部依赖关系或选择性内部依赖关系。

强制依赖关系。强制依赖关系是法律或合同要求的或工作的内在性质决定的依赖关系，强制依赖关系往往与客观限制有关。例如，在建筑项目中，只有在地基建成后，才能建立地面结构；在电子项目中，必须先把原型制造出来，才能对其进行测试。强制依赖关系又称硬逻辑关系或硬依赖关系，技术依赖关系可能不是强制性的。在活动排序过程中，项目团队应明确哪些关系是强制依赖关系，不应把强制依赖关系和进度计划编制工具中的进度制约因素相混淆。

选择依赖关系。选择依赖关系有时又称首选逻辑关系、优先逻辑关系或软逻辑关系。即便还有其他依赖关系可用，选择依赖关系应基于具体应用领域的最佳实践或项目的某些特殊性质对活动顺序的要求来创建。例如，根据普遍公认的最佳实践，在建造期间，应先完成卫生管道工程，才能开始电气工程。这个顺序并不是强制性要求，两个工程可以同时（并行）开展工作，但如按先后顺序进行可以降低整体项目风险。应该对选择依赖关系进行全面记录，因为它们会影响总浮动时间，并限制后续的进度安排。如果打算进行快速跟进，则应当审查相应的选择依赖关系，并考虑是否需要调整或去除。在排列活动顺序过程中，项目团队应明确哪些依赖关系属于选择依赖关系。

外部依赖关系。外部依赖关系是项目活动与非项目活动之间的依赖关系，这些依赖关系往往不在项目团队的控制范围内。例如，软件项目的测试活动取决于外部硬件的到货；建筑项目的现场准备，可能要在政府的环境听证会之后才能开始。在排列活动顺序过程中，项目管理团队应明确哪些依赖关系属于外部依赖关系。

内部依赖关系。内部依赖关系是项目活动之间的紧前关系，通常在项目团队的控制之中。例如，只有机器组装完毕，团队才能对其测试，这是一个内部的强制依赖关系。在排列活动顺序过程中，项目管理团队应明确哪些依赖关系属于内部依赖关系。

84. 答案：D

参见 PMBOK®指南，第 183~184 页，6.2.1 节和图 6-5。
定义活动过程的输入包括：
- 进度管理计划；
- 范围基准；
- 事业环境因素；
- 组织过程资产。

85. 答案：C

参见 PMBOK®指南，第 217 页，6.5.3.2 节，第 219 页图 6-21。

项目进度计划

横道图也称为"甘特图"，是展示进度信息的一种图表方式。在横道图中，纵向列示活动，横向列示日期，用横条表示活动自开始日期至完成日期的持续时间。横道图相对易读，比较常用。它可能包括浮动时间，也可能不包括，具体取决于受众。为了便于控制，以及与管理层进行沟通，可在里程碑或横跨多个相关联的工作包之间，列出内容更广、更综合的概括性活动，并在横道图报告中显示。

86. 答案：C

参见 PMBOK®指南，第 189~190 页，6.3.2.1 节。

紧前关系绘图法

紧前关系绘图法是创建进度模型的一种技术，用节点表示活动，用一种或多种逻辑关系连接活动，以显示活动的实施顺序。紧前关系绘图法包括四种依赖关系或逻辑关系。紧前活动是在进度计划的逻辑路径中，排在非开始活动前面的活动。紧后活动是在进度计划的逻辑路径中，排在某个活动后面的活动。

87. 答案：B

参见 PMBOK®指南，第 210 页，6.5.2.2 节。
关键路径法
关键路径法用于在进度模型中估算项目最短工期，确定逻辑网络路径的进度灵活性大小。这种进度网络分析技术在不考虑任何资源限制的情况下，沿进度网络路径使用顺推与逆推法，计算出所有活动的最早开始、最早完成、最晚开始和最晚完成日期，如图 6-16 所示。在这个例子中，最长的路径包括活动 A、C 和 D，因此，活动序列 A-C-D 就是关键路径。关键路径是项目中时间最长的活动顺序，决定着可能的项目最短工期。最长路径的总浮动时间最少，通常为零。由此得到的最早和最晚的开始和完成日期并不一定就是项目进度计划，而只是把既定的参数（活动持续时间、逻辑关系、提前量、滞后量和其他已知的制约因素）输入进度模型后所得到的一种结果，表明活动可以在该时段内实施。关键路径法用来计算进度模型中的关键路径、总浮动时间和自由浮动时间，或者逻辑网络路径的进度灵活性大小。在任一网络路径上，进度活动可以从最早开始日期推迟或拖延的时间，而不至于延误项目完成日期或违反进度制约因素，就是总浮动时间或进度灵活性。在正常情况下，关键路径的总浮动时间为零。在进行紧前关系绘图法排序的过程中，取决于所用的制约因素，关键路径的总浮动时间可能是正值、零或负值。

88. 答案：C

参见 PMBOK®指南，第 211 页，6.5.2.3 节。

资源优化技术

资源优化用于调整活动的开始和完成日期，以调整计划使用的资源，使其等于或少于可用的资源。资源优化技术是根据资源供需情况，来调整进度模型的技术，包括（但不限于）：

资源平衡。为了在资源需求与资源供给之间取得平衡，根据资源制约因素对开始日期和完成日期进行调整的一种技术。如果共享资源或关键资源只在特定时间可用，数量有限，或者被过度分配，如一个资源在同一时段内被分配至两个或多个活动（见图 6-17），就需要进行资源平衡。也可以为保持资源使用量处于均衡水平而进行资源平衡。资源平衡往往导致关键路径改变。可以用浮动时间平衡资源。因此，在项目进度计划期间，关键路径可能发生变化。

资源平滑。对进度模型中的活动进行调整，从而使项目资源需求不超过预定的资源限制的一种技术。相对于资源平衡而言，资源平滑不会改变项目关键路径，完工日期也不会延迟。也就是说，活动只在其自由和总浮动时间内延迟，但资源平滑技术可能无法实现所有资源的优化。

89. 答案：D

参见 PMBOK®指南，第 192 页，6.3.2.3 节。

提前量和滞后量

提前量是相对于紧前活动，紧后活动可以提前的时间量。例如，在新办公大楼建设项目中，绿化施工可以在尾工清单编制完成前 2 周开始，这就是带 2 周提前量的完成到开始的关系，如图 6-10 所示。在进度计划软件中，提前量往往表示为负滞后量。

滞后量是相对于紧前活动，紧后活动需要推迟的时间量。例如，对于一个大型技术文档，编写小组可以在编写工作开始后 15 天，开始编辑文档草案，这就是带 15 天滞后量的开始到开始关系，如图 6-10 所示。在图 6-11 的项目进度网络图中，活动 H 和活动 I 之间就有滞后量，表示为 SS+10（带 10 天滞后量的开始到开始关系），虽然图中并没有用精确的时间刻度来表示滞后的量值。

90. 答案：A

参见 PMBOK®指南，第 201 页，6.4.2.4 节和术语表。

三点估算

通过考虑估算中的不确定性和风险，可以提高持续时间估算的准确性。使用三点估算有助于界定活动持续时间的近似区间：

- 最可能时间（tM）。基于最可能获得的资源、最可能取得的资源生产率、对资源可用时间的现实预计、资源对其他参与者的可能依赖关系及可能发生的各种干扰等，所估算的活动持续时间。
- 最乐观时间（tO）。基于活动的最好情况所估算的活动持续时间。
- 最悲观时间（tP）。基于活动的最差情况所估算的持续时间。

基于持续时间在三种估算值区间内的假定分布情况，可计算期望持续时间 tE。一个常用公式为三角分布：tE = (tO + tM + tP) / 3。历史数据不充分或使用判断数据时，使用三角分布，基于三点的假定分布估算出期望持续时间，并说明期望持续时间的不确定区间。

91. 答案：A

参见 PMBOK® 指南，第 200 页，6.4.2.2 节。

类比估算

类比估算是一种使用相似活动或项目的历史数据，来估算当前活动或项目的持续时间或成本的技术。类比估算以过去类似项目的参数值（如持续时间、预算、规模、重量和复杂性等）为基础，来估算未来项目的同类参数或指标。在估算持续时间时，类比估算技术以过去类似项目的实际持续时间为依据，来估算当前项目的持续时间。这是一种粗略的估算方法，有时需要根据项目复杂性方面的已知差异进行调整，在项目详细信息不足时，就经常使用类比估算来估算项目持续时间。相对于其他估算技术，类比估算通常成本较低、耗时较少，但准确性也较低。类比估算可以针对整个项目或项目中的某个部分进行，或可以与其他估算方法联合使用。如果以往活动是本质上而不是表面上类似，并且从事估算的项目团队成员具备必要的专业知识，那么类比估算就最为可靠。

92. 答案：C

参见 PMBOK® 指南，第 244~245 页，7.2.2.5 节。

三点估算法

基于活动成本在三种估算值区间内的假定分布情况，使用公式来计算预期成本（cE）。两种常用的公式是三角分布和贝塔分布，其计算公式分别为：

- 三角分布：cE = (cO + cM + cP) / 3
- 贝塔分布：cE = (cO + 4cM + cP) / 6

基于三点的假定分布计算出期望成本，并说明期望成本的不确定区间。

93. 答案：B

参见 PMBOK®指南，第 244~245 页，7.2.2.5 节。

三点估算

通过考虑估算中的不确定性与风险，使用三种估算值来界定活动成本的近似区间，可以提高单点成本估算的准确性：

- 最可能成本（cM）。对所需进行的工作和相关费用进行比较现实的估算，所得到的活动成本。
- 最乐观成本（cO）。基于活动的最好情况所得到的成本。
- 最悲观成本（cP）。基于活动的最差情况所得到的成本。

基于活动成本在三种估算值区间内的假定分布情况，使用公式来计算预期成本（cE）。两种常用的公式是三角分布和贝塔分布，其计算公式分别为：

- 三角分布：cE = (cO + cM + cP) / 3
- 贝塔分布：cE = (cO + 4cM + cP) / 6

基于三点的假定分布计算出期望成本，并说明期望成本的不确定区间。

94. 答案：A

参见 PMBOK®指南，第 201 页，6.4.2.4 节。

三点估算法

通过考虑估算中的不确定性和风险，可以提高持续时间估算的准确性。使用三点估算有助于界定活动持续时间的近似区间：

- 最可能时间（tM）。基于最可能获得的资源、最可能取得的资源生产率、对资源可用时间的现实预计、资源对其他参与者的可能依赖关系及可能发生的各种干扰等，所估算的活动持续时间。
- 最乐观时间（tO）。基于活动的最好情况所估算的活动持续时间。
- 最悲观时间（tP）。基于活动的最差情况所估算的持续时间。

基于持续时间在三种估算值区间内的假定分布情况，可计算期望持续时间 tE。一个常用公式为三角分布：tE = (tO + tM + tP) / 3。历史数据不充分或使用判断数据时，使用三角分布，基于三点的假定分布估算出期望持续时间，并说明期望持续时间的不确定区间。

95. 答案：A

参见 PMBOK® 指南，第 210~211 页，6.5.2.2 节。

关键路径法

关键路径法用于在进度模型中估算项目最短工期，确定逻辑网络路径的进度灵活性大小。这种进度网络分析技术在不考虑任何资源限制的情况下，沿进度网络路径使用顺推与逆推法，计算出所有活动的最早开始、最早完成、最晚开始和最晚完成日期，如图 6-16 所示。在这个例子中，最长的路径包括活动 A、C 和 D，因此，活动序列 A-C-D 就是关键路径。关键路径是项目中时间最长的活动顺序，决定着可能的项目最短工期。最长路径的总浮动时间最少，通常为零。由此得到的最早和最晚的开始和完成日期并不一定就是项目进度计划，而只是把既定的参数（活动持续时间、逻辑关系、提前量、滞后量和其他已知的制约因素）输入进度模型后所得到的一种结果，表明活动可以在该时段内实施。关键路径法用来计算进度模型中的关键路径、总浮动时间和自由浮动时间，或者逻辑网络路径的进度灵活性大小。在任一网络路径上，进度活动可以从最早开始日期推迟或拖延的时间，而不至于延误项目完成日期或违反进度制约因素，就是总浮动时间或进度灵活性。在正常情况下，关键路径的总浮动时间为零。在进行紧前关系绘图法排序的过程中，取决于所用的制约因素，关键路径的总浮动时间可能是正值、零或负值。总浮动时间为正值，是由于逆推计算所使用的进度制约因素要晚于顺推计算所得出的最早完成日期；总浮动时间为负值，是由于持续时间和逻辑关系违反了对最晚日期的制约因素。负值浮动时间分析是一种有助于找到推动延迟的进度回到正轨的方法的技术。进度网络图可能有多条次关键路径。许多软件允许用户自行定义用于确定关键路径的参数。为了使网络路径的总浮动时间为零或正值，可能需要调整活动持续时间（可增加资源或缩减范围时）、逻辑关系（针对选择依赖关系时）、提前量和滞后量，或者其他进度制约因素。一旦计算出总浮动时间和自由浮动时间，自由浮动时间就是指在不延误任何紧后活动最早开始日期或不违反进度制约因素的前提下，某进度活动可以推迟的时间量。例如，在图6-16中，活动B的自由浮动时间是5天。

96. 答案：B

参见 PMBOK®指南，第 210~211 页，6.5.2.2 节。

关键路径法

关键路径法用于在进度模型中估算项目最短工期，确定逻辑网络路径的进度灵活性大小。这种进度网络分析技术在不考虑任何资源限制的情况下，沿进度网络路径使用顺推与逆推法，计算出所有活动的最早开始、最早完成、最晚开始和最晚完成日期，如图 6-16 所示。在这个例子中，最长的路径包括活动 A、C 和 D，因此，活动序列 A-C-D 就是关键路径。关键路径是项目中时间最长的活动顺序，决定着可能的项目最短工期。最长路径的总浮动时间最少，通常为零。由此得到的最早和最晚的开始和完成日期并不一定就是项目进度计划，而只是把既定的参数（活动持续时间、逻辑关系、提前量、滞后量和其他已知的制约因素）输入进度模型后所得到的一种结果，表明活动可以在该时段内实施。关键路径法用来计算进度模型中的关键路径、总浮动时间和自由浮动时间，或者逻辑网络路径的进度灵活性大小。在任一网络路径上，进度活动可以从最早开始日期推迟或拖延的时间，而不至于延误项目完成日期或违反进度制约因素，就是总浮动时间或进度灵活性。在正常情况下，关键路径的总浮动时间为零。在进行紧前关系绘图法排序的过程中，取决于所用的制约因素，关键路径的总浮动时间可能是正值、零或负值。总浮动时间为正值，是由于逆推计算所使用的进度制约因素要晚于顺推计算所得出的最早完成日期；总浮动时间为负值，是由于持续时间和逻辑关系违反了对最晚日期的制约因素。负值浮动时间分析是一种有助于找到推动延迟的进度回到正轨的方法的技术。进度网络图可能有多条次关键路径。许多软件允许

项目进度管理 187

用户自行定义用于确定关键路径的参数。为了使网络路径的总浮动时间为零或正值，可能需要调整活动持续时间（可增加资源或缩减范围时）、逻辑关系（针对选择依赖关系时）、提前量和滞后量，或其他进度制约因素。一旦计算出总浮动时间和自由浮动时间，自由浮动时间就是指在不延误任何紧后活动最早开始日期或不违反进度制约因素的前提下，某进度活动可以推迟的时间量。例如，在图 6-16 中，活动 B 的自由浮动时间是 5 天。

97. 答案：A

参见 PMBOK®指南，第 215 页，6.5.2.6 节和术语表。

进度压缩技术

进度压缩技术是指在不缩减项目范围的前提下，缩短或加快进度工期，以满足进度制约因素、强制日期或其他进度目标。负值浮动时间分析是一种有用的技术。关键路径是浮动时间最少的方法。在违反制约因素或强制日期时，总浮动时间可能变成负值。图 6-19 比较了多个进度压缩技术，包括：

赶工。通过增加资源，以最小的成本代价来压缩进度工期的一种技术。赶工的例子包括批准加班、增加额外资源或支付加急费用，来加快关键路径上的活动。赶工只适用于那些通过增加资源就能缩短持续时间的，且位于关键路径上的活动。但赶工并非总是切实可行的，因它可能导致风险和/或成本的增加。

98. 答案：B

参见 PMBOK®指南，第 210~211 页，6.5.2.2 节和图 6-16。

关键路径法

关键路径法用于在进度模型中估算项目最短工期，确定逻辑网络路径的进度灵活性大小。这种进度网络分析技术在不考虑任何资源限制的情况下，沿进度网络路径使用顺推与逆推法，计算出所有活动的最早开始、最早完成、最晚开始和最晚完成日期，如图 6-16 所示。在这个例子中，最长的路径包括活动 A、C 和 D，因此，活动序列 A-C-D 就是关键路径。关键路径是项目中时间最长的活动顺序，决定着可能的项目最短工期。最长路径的总浮动时间最少，通常为零。由此得到的最早和最晚的开始和完成日期并不一定就是项目进度计划，而只是把既定的参数（活动持续时间、逻辑关系、提前量、滞后量和其他已知的制约因素）输入进度模型后所得到的一种结果，表明活动可以在该时段内实施。关键路径法用来计算进度模型中的关键路径、总浮动时间和自由浮动时间，或逻辑网络路径的进度灵活性大小。

99. 答案：B

参见 PMBOK® 指南，第 210~211 页，6.5.2.2 节和图 6-16。

关键路径法

在任一网络路径上，进度活动可以从最早开始日期推迟或拖延的时间，而不至于延误项目完成日期或违反进度制约因素，就是总浮动时间或进度灵活性。在正常情况下，关键路径的总浮动时间为零。在进行紧前关系绘图法排序的过程中，取决于所用的制约因素，关键路径的总浮动时间可能是正值、零或负值。总浮动时间为正值，是由于逆推计算所使用的进度制约因素要晚于顺推计算所得出的最早完成日期；总浮动时间为负值，是由于持续时间和逻辑关系违反了对最晚日期的制约因素。

负值浮动时间分析是一种有助于找到推动延迟的进度回到正轨的方法的技术。进度网络图可能有多条次关键路径。许多软件允许用户自行定义用于确定关键路径的参数。为了使网络路径的总浮动时间为零或正值，可能需要调整活动持续时间（可增加资源或缩减范围时）、逻辑关系（针对选择依赖关系时）、提前量和滞后量，或其他进度制约因素。一旦计算出总浮动时间和自由浮动时间，自由浮动时间就是指在不延误任何紧后活动最早开始日期或不违反进度制约因素的前提下，某进度活动可以推迟的时间量。例如，在图 6-16 中，活动 B 的自由浮动时间是 5 天。

100. 答案：B

参见 PMBOK®指南，第 222 页，6.6 节。

控制进度是监督项目状态，以更新项目进度和管理进度基准变更的过程。本过程的主要作用是在整个项目期间保持对进度基准的维护，且需要在整个项目期间开展。

项目成本管理

(PMBOK®指南第 7 章)

101. 答案：B

参见 PMBOK®指南，第 231 页，简介和第 232 页，图 7-1。

项目成本管理

项目成本管理包括为使项目在批准的预算内完成而对成本进行规划、估算、预算、融资、筹资、管理和控制的各个过程，从而确保项目在批准的预算内完工。

项目成本管理过程包括：

7.1 规划成本管理——确定如何估算、预算、管理、监督和控制项目成本的过程。

7.2 估算成本——对完成项目活动所需货币资源进行近似估算的过程。

7.3 制定预算——汇总所有单个活动或工作包的估算成本，建立一个经批准的成本基准的过程。

7.4 控制成本——监督项目状态，以更新项目成本和管理成本基准变更的过程。

102. 答案：A

参见 PMBOK®指南，第 238~239 页，7.1.3.1 节。

成本管理计划

成本管理计划是项目管理计划的组成部分，描述将如何规划、安排和控制项目成本。成本管理过程及其工具与技术应记录在成本管理计划中。

例如，在成本管理计划中规定：

- 计量单位。需要规定每种资源的计量单位，例如用于测量时间的人时数、人天数或周数，用于计量数量的米、升、吨、千米或立方码，或者用货币表示的总价。

- 精确度。根据活动范围和项目规模，设定成本估算向上或向下取整的程度（如995.59美元取整为1 000美元）。
- 准确度。为活动成本估算规定一个可接受的区间（如±10%），其中可能包括一定数量的应急储备。
- 组织程序链接。
- 控制临界值。可能需要规定偏差临界值，用于监督成本绩效。它是在需要采取某种措施前，允许出现的最大差异，通常用偏离基准计划的百分数来表示。
- 绩效测量规则。
- 过程描述。
- 报告格式。
- 其他细节。

103. 答案：C

参见PMBOK®指南，第240~241页，7.2节。

估算成本

成本估算是对完成活动所需资源的可能成本的量化评估，是在某特定时点，根据已知信息所做出的成本预测。在估算成本时，需要识别和分析可用于启动与完成项目的备选成本方案；需要权衡备选成本方案并考虑风险，如比较自制成本与外购成本、购买成本与租赁成本及多种资源共享方案，以优化项目成本。

通常用某种货币单位（如美元、欧元、日元等）进行成本估算，但有时也可采用其他计量单位,如人时数或人天数,以消除通货膨胀的影响,便于成本比较。

在项目过程中,应该随着更详细信息的呈现和假设条件的验证,对成本估算进行审查和优化。在项目生命周期中,项目估算的准确性亦将随着项目的进展而逐步提高。例如,在启动阶段可得出项目的粗略量级估算(Rough Order of Magnitude,ROM),其区间为-25%到+75%;之后,随着信息越来越详细,确定性估算的区间可缩小至-5%到+10%。某些组织已经制定出相应的指南,规定何时进行优化,以及每次优化所要达到的置信度或准确度。

进行成本估算,应该考虑将向项目收费的全部资源,包括(但不限于)人工、材料、设备、服务、设施,以及一些特殊的成本种类,如通货膨胀补贴、融资成本或应急成本。成本估算可在活动层级呈现,也可以汇总形式呈现。

104. 答案:D

参见 PMBOK®指南,第 241 页,7.2 节。

估算成本

进行成本估算,应该考虑将向项目收费的全部资源,包括(但不限于)人工、材料、设备、服务、设施,以及一些特殊的成本种类,如通货膨胀补贴、融资成本或应急成本。成本估算是对完成活动所需资源的可能成本的量化评估,成本估算可在活动层级呈现,也可以汇总形式呈现。

105. 答案：C

参见 PMBOK®指南，第 244 页，7.2.2.3 节。

参数估算

参数估算是指利用历史数据之间的统计关系和其他变量（如建筑施工中的平方英尺），来进行项目工作的成本估算，参数估算的准确性取决于参数模型的成熟度和基础数据的可靠性。参数估算可以针对整个项目或项目中的某个部分，并可与其他估算方法联合使用。

106. 答案：B

参见 PMBOK®指南，第 244 页，7.2.2.2 节。

类比估算

成本类比估算使用以往类似项目的参数值或属性来估算。项目的参数值和属性包括（但不限于）范围、成本、预算、持续时间和规模指标（如尺寸、重量），类比估算以这些项目参数值或属性为基础来估算当前项目的同类参数或指标。

107. 答案：C

参见 PMBOK®指南，第 248 页，7.3 节；第 257~259 页，7.4 节。

制定预算

制定预算是汇总所有单个活动或工作包的估算成本，建立一个经批准的成本基准的过程。本过程的主要作用是，确定可据以监督和控制项目绩效的成本基准。

项目成本管理

控制成本

控制成本是监督项目状态,以更新项目成本和管理成本基准变更的过程。本过程的主要作用是,在整个项目期间保持对成本基准的维护。

有效成本控制的关键在于管理经批准的成本基准。

项目成本控制包括:

- 对造成成本基准变更的因素施加影响。

108. 答案:B

参见 PMBOK®指南,第 253~254 页,7.3.3.1 节,图 7-8 和图 7-9。

成本基准

成本基准是经过批准的、按时间段分配的项目预算,不包括任何管理储备,只有通过正式的变更控制程序才能变更,用作与实际结果进行比较的依据。成本基准是不同进度活动经批准的预算的总和。项目预算和成本基准的各个组成部分,如图 7-8 所示。先汇总各项目活动的成本估算及其应急储备,得到相关工作包的成本;然后汇总各工作包的成本估算及其应急储备,得到控制账户的成本;接着再汇总各控制账户的成本,得到成本基准。由于成本基准中的成本估算与进度活动直接关联,因此就可按时间段分配成本基准,得到一条 S 曲线,如图 7-9 所示。

当出现有必要动用管理储备的变更时,则应该在获得变更控制过程的批准之后,把适量的管理储备移入成本基准中。

109. 答案：D

参见 PMBOK® 指南，第 256~258 页，7.4 节。

控制成本

项目成本控制包括：

- 对造成成本基准变更的因素施加影响；
- 确保所有变更请求都得到及时处理；
- 当变更实际发生时，管理这些变更；
- 确保成本支出不超过批准的资金限额，既不超出按时段、按 WBS 组件、按活动分配的限额，也不超出项目总限额；
- 监督成本绩效，找出并分析与成本基准间的偏差；
- 对照资金支出，监督工作绩效；
- 防止在成本或资源使用报告中出现未经批准的变更；
- 向相关方报告所有经批准的变更及其相关成本；
- 设法把预期的成本超支控制在可接受的范围内。

110. 答案：B

参见 PMBOK® 指南，第 261~265 页，7.4.2.2 节和图 7-12。

挣值管理

要正确地理解这张图，就需要对挣值分析有很好的理解。查看完整的 7.4.2.2 节的详细说明。

111. 答案：C

参见 PMBOK® 指南，第 265 页，7.4.2.2 节。

预测

可以很方便地把项目经理手工估算的 EAC 与计算得出的一系列 EAC 做比较，这些计算得出的 EAC 代表了不同的风险情景。在计算 EAC 值时，经常会使用累计 CPI 值和累计 SPI 值。尽管可以用许多方法计算基于 EVM 数据的 EAC 值，但下面只介绍最常用的三种方法：

假设将按预算单价完成 ETC 工作。这种方法承认以实际成本表示的累计实际项目绩效（不论好坏），并预计未来的全部 ETC 工作都将按预算单价完成。如果目前的实际绩效不好，则只有在进行项目风险分析并取得有力证据后，才能做出"未来绩效将会改进"的假设。公式：EAC = AC +(BAC – EV)。

112. 答案：A

参见 PMBOK®指南，第 264~265 页，7.4.2.2 节。

预测

可以很方便地把项目经理手工估算的 EAC 与计算得出的一系列 EAC 做比较，这些计算得出的 EAC 代表了不同的风险情景。在计算 EAC 值时，经常会使用累计 CPI 值和累计 SPI 值。尽管可以用许多方法计算基于 EVM 数据的 EAC 值，但下面只介绍最常用的三种方法：

假设以当前 CPI 完成 ETC 工作。这种方法假设项目将按截至目前的情况继续进行，即 ETC 工作将按项目截至目前的累计成本绩效指数实施。公式：EAC = BAC/ CPI。

113. 答案：D

参见 PMBOK®指南，第 265 页，7.4.2.2 节。

预测

可以很方便地把项目经理手工估算的 EAC 与计算得出的一系列 EAC 做比较，这些计算得出的 EAC 代表了不同的风险情景。在计算 EAC 值时，经常会使用累计 CPI 值和累计 SPI 值。尽管可以用许多方法来计算基于 EVM 数据的 EAC 值，但下面只介绍最常用的三种方法：

假设 SPI 与 CPI 将同时影响 ETC 工作。在这种预测中，需要计算一个由成本绩效指数与进度绩效指数综合决定的效率指标，并假设 ETC 工作将按这个效率指标完成。如果项目进度对 ETC 有重要影响，那么这种方法最有效。使用这种方法时，还可以根据项目经理的判断，分别给 CPI 和 SPI 赋予不同的权重，比如 80/20、50/50 或其他比率。公式：EAC =AC + [(BAC – EV)/(CPI × SPI)]。

114. 答案：B

参见 PMBOK®指南，第 265 页，7.4.2.2 节，第 267 页，表 7-1。

预测

可以很方便地把项目经理手工估算的 EAC 与计算得出的一系列 EAC 做比较，这些计算得出的 EAC 代表了不同的风险情景。在计算 EAC 值时，经常会使用累计 CPI 值和累计 SPI 值。尽管可以用许多方法来计算基于 EVM 数据的 EAC 值，但下面只介绍最常用的三种方法：

假设以当前 CPI 完成 ETC 工作。这种方法假设项目将按截至目前的情况继续进行，即 ETC 工作将按项目截至目前的累计成本绩效指数实施。公式：EAC = BAC/ CPI。

公式：VAC=BAC – EAC。

115. 答案：A

参见 PMBOK®指南，第 265 页，7.4.2.2 节和第 267 页，表 7-1。

预测

可以很方便地把项目经理手工估算的 EAC 与计算得出的一系列 EAC 做比较，这些计算得出的 EAC 代表了不同的风险情景。在计算 EAC 值时，经常会使用累计 CPI 值和累计 SPI 值。尽管可以用许多方法来计算基于 EVM 数据的 EAC 值，但下面只介绍最常用的三种方法：

假设将按预算单价完成 ETC 工作。这种方法承认以实际成本表示的累计实际项目绩效（不论好坏），并预计未来的全部 ETC 工作都将按预算单价完成。如果目前的实际绩效不好，则只有在进行项目风险分析并取得有力证据后，才能做出"未来绩效将会改进"的假设。
公式：EAC = AC +(BAC – EV)。
公式：ETC=EAC – AC。

116. 答案：C

参见 PMBOK®指南，第 266 页，7.4.2.3 节，第 268 页，图 7-13 和第 267 页，表 7-1。

完工尚需绩效指数

完工尚需绩效指数是一种为了实现特定的管理目标，剩余资源的使用必须达到的成本绩效指标，是完成剩余工作所需的成本与剩余预算之比。TCPI 是指为了实现具体的管理目标（如 BAC 或 EAC），剩余工作的实施必须达到的成本绩效指标。如果 BAC 已明显不再可行，那么项目经理应考虑使用 EAC 进行 TCPI 计算。经过批准后，就用 EAC 取代 BAC。基于 BAC 的 TCPI 公式：TCPI =(BAC – EV)/(BAC – AC)。

TCPI 的概念可用图 7-13 表示。其计算公式在图的左下角，用剩余工作（BAC–EV）除以剩余资金（可以是 BAC–AC，或 EAC–AC）。

如果累计 CPI 低于基准（见图 7-13），那么项目的全部剩余工作都应立即按 TCPI（BAC）（图 7-13 中最高的那条线）执行，才能确保实际总成本不超过批准的 BAC。至于所要求的这种绩效水平是否可行，就需要综合考虑多种因素（包括风险、进度和技术绩效）后才能判断。如果不可行，就需要把项目未来所需的绩效水平调整为如 TCPI（EAC）线所示。基于 EAC 的 TCPI 公式：TCPI=(BAC – EV)/(EAC – AC)。表 7-1 列出了 EVM 的计算公式。

公式：TCPI=(BAC–EV)/(BAC–AC)

117. 答案：A

参见 PMBOK®指南，第 264 页，7.4.2.2 节。

预测

随着项目进展，项目团队可根据项目绩效对完工估算（EAC）进行预测，预测的结果可能与完工预算（BAC）存在差异。如果 BAC 已明显不再可行，则项目经理应考虑对 EAC 进行预测。预测 EAC 是根据当前掌握的绩效信息和其他知识，预计项目未来的情况和事件。预测要根据项目执行过程中所提供的工作绩效数据（见 4.3.3.2 节）来产生、更新和重新发布。工作绩效信息包含项目过去的绩效，以及可能在未来对项目产生影响的任何信息。

在计算 EAC 时，通常用已完成工作的实际成本，加上剩余工作的完工尚需估算（ETC）。项目团队要根据已有的经验，考虑实施 ETC 工作可能遇到的各种情况。

118. 答案：C

参见 PMBOK®指南，第 260~265 页，7.4.2.1 节和图 7-12。

挣值管理

……

也应该监测实际绩效与基准之间的偏差：

进度偏差。进度偏差是测量进度绩效的一种指标，表示为挣值与计划价值之差。它是指在某个给定的时点，项目提前或落后的进度，等于挣值减计划价值。进度偏差是一种有用的指标，可表明项目进度是落后还是提前于进度基准。由于当项目完工时，全部的计划价值都将实现（成为挣值），所以进度偏差最终将等于零。最好把进度偏差与关键路径法和风险管理一起使用。公式：$SV = EV - PV$。

……

还可以把 SV 和 CV 转化为效率指标，以便把项目的成本和进度绩效与任何其他项目做比较，或在同一项目组合内的各项目之间做比较，可以通过偏差来确定项目状态。

进度绩效指数。进度绩效指数是测量进度效率的一种指标，表示为挣值与计划价值之比。它反映了项目团队利用时间的效率。有时与成本绩效指数一起使用，以预测最终的完工估算。当 SPI 小于 1.0

时，说明已完成的工作量未达到计划要求；当 SPI 大于 1.0 时，则说明已完成的工作量超过计划。由于 SPI 测量的是项目总工作量，所以还需要对关键路径上的绩效进行单独分析，以确认项目是否将比计划完成日期提前或推迟。SPI 等于 EV 与 PV 的比值。公式：SPI=EV/PV。

……

对计划价值、挣值和实际成本这三个参数，既可以分阶段（通常以周或月为单位）进行监测和报告，也可以针对累计值进行监测和报告。图 7-12 以 S 曲线展示某个项目的 EV 数据，这个项目预算超支且进度落后。

119. 答案：A

参见 PMBOK®指南，第 260~265 页，7.4.2.1 节和图 7-12。

挣值管理

……

应该监测实际绩效与基准之间的偏差：

……

成本偏差。成本偏差是在某个给定时点的预算亏空或盈余量，表示为挣值与实际成本之差。它是测量项目成本绩效的一种指标，等于挣值减实际成本。项目结束时的成本偏差，就是完工预算与实际成本之间的差值。由于成本偏差指明了实际绩效与成本支出之间的关系，所以非常重要。负的成本偏差一般都是不可挽回的。公式：CV = EV – AC。

还可以把 SV 和 CV 转化为效率指标，以便把项目的成本和进度绩效与任何其他项目做比较，或在同一项目组合内的各项目之间做比较，可以通过偏差来确定项目状态。

……

成本绩效指数。成本绩效指数是测量预算资源的成本效率的一种指标，表示为挣值与实际成本之比。它是最关键的 EVM 指标，用来测量已完成工作的成本效率。当 CPI 小于 1.0 时，说明已完成工作的成本超支；当 CPI 大于 1.0 时，说明到目前为止成本有结余。CPI 等于 EV 与 AC 的比值。这个指标对于判断项目状态很有帮助，并可为预测项目成本和进度的最终结果提供依据。公式：CPI=EV/AC。

对计划价值、挣值和实际成本这三个参数，既可以分阶段（通常以周或月为单位）进行监测和报告，也可以针对累计值进行监测和报告。图 7-12 以 S 曲线展示某个项目的 EV 数据，这个项目预算超支且进度落后。

120. 答案：C

参见 PMBOK®指南，第 261 页，7.4.2.2 节。

数据分析

挣值分析。挣值分析将实际进度和成本绩效与绩效测量基准进行比较。EVM 把范围基准、成本基准和进度基准整合起来，形成绩效测量基准。它针对每个工作包和控制账户，计算并监测三个关键指标。

121. 答案：D

参见 PMBOK®指南，第 260~265 页，7.4.2.2 节和图 7-12。

挣值管理

......

应该监测实际绩效与基准之间的偏差：

进度偏差。进度偏差是测量进度绩效的一种指标，表示为挣值与计划价值之差。它是指在某个给定的时点，项目提前或落后的进度，等于挣值减计划价值。进度偏差是一种有用的指标，可表明项目进度是落后还是提前于进度基准。由于当项目完工时，全部的计划价值都将实现（成为挣值），所以进度偏差最终将等于零。最好把进度偏差与关键路径法和风险管理一起使用。公式：SV = EV – PV。

成本偏差。成本偏差是在某个给定时点的预算亏空或盈余量，表示为挣值与实际成本之差。它是测量项目成本绩效的一种指标，等于挣值减实际成本。项目结束时的成本偏差，就是完工预算与实际成本之间的差值。由于成本偏差指明了实际绩效与成本支出之间的关系，所以非常重要。负的成本偏差一般都是不可挽回的。公式：CV = EV – AC。

还可以把 SV 和 CV 转化为效率指标，以便把项目的成本和进度绩效与任何其他项目做比较，或在同一项目组合内的各项目之间做比较，可以通过偏差来确定项目状态。

进度绩效指数。进度绩效指数是测量进度效率的一种指标，表示为挣值与计划价值之比。它反映了项目团队利用时间的效率。有时与成本绩效指数一起使用，以预测最终的完工估算。当 SPI 小于 1.0 时，说明已完成的工作量未达到计划要求；当 SPI 大于 1.0 时，说明已完成的工作量超过计划。由于 SPI 测量的是项目总工作量，所以还需要对关键路径上的绩效进行单独分析，以确认项目是否将比计划完成日期提前或推迟。SPI 等于 EV 与 PV 的比值。公式：SPI=EV/PV。

成本绩效指数。成本绩效指数是测量预算资源的成本效率的一种指标，表示为挣值与实际成本之比。它是最关键的 EVM 指标，用来测量已完成工作的成本效率。当 CPI 小于 1.0 时，说明已完成工作的成本超支；当 CPI 大于 1.0 时，说明到目前为止成本有结余。CPI 等于 EV 与 AC 的比值。这个指标对于判断项目状态很有帮助，并可为预测项目成本和进度的最终结果提供依据。公式：CPI=EV/AC。

对计划价值、挣值和实际成本这三个参数，既可以分阶段（通常以周或月为单位）进行监测和报告，也可以针对累计值进行监测和报告。图 7-12 以 S 曲线展示某个项目的 EV 数据，这个项目预算超支且进度落后。

122. 答案：B

参见 PMBOK®指南，第 262 页，7.4.2.2 节。

挣值管理

......

应该监测实际绩效与基准之间的偏差。

......

成本偏差。成本偏差是在某个给定时点的预算亏空或盈余量，表示为挣值与实际成本之差。它是测量项目成本绩效的一种指标，等于挣值减实际成本。项目结束时的成本偏差，就是完工预算与实际成本之间的差值。由于成本偏差指明了实际绩效与成本支出之间的关系，所以非常重要。负的成本偏差一般都是不可挽回的。公式：CV=EV−AC。

123. 答案：B

参见 PMBOK®指南，第 261 页，7.4.2.2 节。

挣值管理

……EVM 针对每个工作包和控制账户，计算并监测三个关键指标：

……

挣值。挣值是对已完成工作的测量值，用分配给这个工作的预算来表示。它是已完成工作的经批准的预算。EV 的计算应该与 PMB 相对应，且所得的 EV 值不得大于相应组件的 PV 总预算。EV 常用于计算项目的完成百分比。应该为每个 WBS 组件规定进展测量准则，用于考核正在实施的工作。项目经理既要监测 EV 的增量，以判断当前的状态，又要监测 EV 的累计值，以判断长期的绩效趋势。

124. 答案：B

参见 PMBOK®指南，第 263 页，7.4.2.2 节和图 7-12。

挣值管理

……

进度绩效指数。进度绩效指数是测量进度效率的一种指标，表示为挣值与计划价值之比。它反映了项目团队利用时间的效率。有时与成本绩效指数一起使用，以预测最终的完工估算。当 SPI 小于 1.0 时，说明已完成的工作量未达到计划要求；当 SPI 大于 1.0 时，说明已完成的工作量超过计划。由于 SPI 测量的是项目总工作量，所以还需要对关键路径上的绩效进行单独分析，以确认项目是否将比计划完成日期提前或推迟。SPI 等于 EV 与 PV 的比值。公式：SPI=EV/PV。

成本绩效指数。成本绩效指数是测量预算资源的成本效率的一种指标，表示为挣值与实际成本之比。它是最关键的 EVM 指标，用来测量已完成工作的成本效率。当 CPI 小于 1.0 时，说明已完成工作的成本超支；当 CPI 大于 1.0 时，说明到目前为止成本有结余。CPI 等于 EV 与 AC 的比值。这个指标对于判断项目状态很有帮助，并可为预测项目成本和进度的最终结果提供依据。公式：CPI=EV/AC。

对计划价值、挣值和实际成本这三个参数，既可以分阶段（通常以周或月为单位）进行监测和报告，也可以针对累计值进行监测和报告。图 7-12 以 S 曲线展示某个项目的 EV 数据，这个项目预算超支且进度落后。

125. 答案：D

参见 PMBOK®指南，第 260～265 页，7.4.2.2 节和图 7-12。

挣值管理

……

应该监测实际绩效与基准之间的偏差。

……

成本偏差。成本偏差是在某个给定时点的预算亏空或盈余量，表示为挣值与实际成本之差。它是测量项目成本绩效的一种指标，等于挣值减实际成本。项目结束时的成本偏差，就是完工预算与实际成本之间的差值。由于成本偏差指明了实际绩效与成本支出之间的关系，所以非常重要。负的成本偏差一般都是不可挽回的。公式：CV=EV−AC。

还可以把 SV 和 CV 转化为效率指标，以便把项目的成本和进度绩效与任何其他项目做比较，或在同一项目组合内的各项目之间做比较，可以通过偏差来确定项目状态。

......

成本绩效指数。成本绩效指数是测量预算资源的成本效率的一种指标，表示为挣值与实际成本之比。它是最关键的 EVM 指标，用来测量已完成工作的成本效率。当 CPI 小于 1.0 时，说明已完成工作的成本超支；当 CPI 大于 1.0 时，说明到目前为止成本有结余。CPI 等于 EV 与 AC 的比值。这个指标对于判断项目状态很有帮助，并可为预测项目成本和进度的最终结果提供依据。公式：CPI=EV/AC。

对计划价值、挣值和实际成本这三个参数，既可以分阶段（通常以周或月为单位）进行监测和报告，也可以针对累计值进行监测和报告。图 7-12 以 S 曲线展示某个项目的 EV 数据，这个项目预算超支且进度落后。

126. 答案：D

参见 PMBOK®指南，第 260~265 页，7.4.2.2 节和图 7-12。

挣值管理

......

还可以把 SV 和 CV 转化为效率指标，以便把项目的成本和进度绩效与任何其他项目做比较，或在同一项目组合内的各项目之间做比较，可以通过偏差来确定项目状态。

进度绩效指数。进度绩效指数是测量进度效率的一种指标，表示为挣值与计划价值之比。它反映了项目团队利用时间的效率。有时与成本绩效指数一起使用，以预测最终的完工估算。当 SPI 小于 1.0 时，说明已完成的工作量未达到计划要求；当 SPI 大于 1.0 时，说明已完成的工作量超过计划。由于 SPI 测量的是项目总工作量，所以还需要对关键路径上的绩效进行单独分析，以确认项目是否将比计划完成日期提前或推迟。SPI 等于 EV 与 PV 的比值。公式：SPI=EV/PV。

......

对计划价值、挣值和实际成本这三个参数，既可以分阶段（通常以周或月为单位）进行监测和报告，也可以针对累计值进行监测和报告。图 7-12 以 S 曲线展示某个项目的 EV 数据，这个项目预算超支且进度落后。

项目质量管理

(PMBOK®指南第 8 章)

127. 答案：A

参见 PMBOK®指南，第 271 页，引论。

项目质量管理

项目质量管理包括把组织的质量政策应用于规划、管理、控制项目和产品质量要求，以满足相关方目标的各个过程。此外，项目质量管理以执行组织的名义支持过程的持续改进活动。

128. 答案：A

参见 PMOBK®指南，第 274 页。

项目质量管理

"质量"与"等级"不是相同的概念。质量作为实现的性能或成果，是"一系列内在特性满足要求的程度"（ISO 9000）。等级作为设计意图，是对用途相同但技术特性不同的可交付成果的级别分类。项目经理及项目管理团队负责权衡，以便同时达到所要求的质量与等级水平。质量水平未达到质量要求肯定是个问题，而低等级产品不一定是个问题。例如：

- 一个低等级（功能有限）产品具备高质量（无明显缺陷），也许不是问题。该产品适合一般使用。
- 一个高等级（功能繁多）产品质量低（有许多缺陷），也许是个问题。该产品的功能会因质量低劣而无效和/或低效。

129. 答案：A

参见 PMBOK®指南，第 298 页，8.3 节。

控制质量

控制质量是为了评估绩效,确保项目输出完整、正确且满足客户期望,而监督和记录质量管理活动执行结果的过程。

130. 答案:D

参见 PMBOK®指南,第 282 页,8.1.2.3 节。

数据分析

适用于本过程的数据分析技术包括(但不限于):

成本效益分析。成本效益分析是用来估算备选方案优势和劣势的财务分析工具,以确定可以创造最佳效益的备选方案。成本效益分析可帮助项目经理确定规划的质量活动是否有效利用了成本。达到质量要求的主要效益包括减少返工、提高生产率、降低成本、提升相关方满意度及提升盈利能力。对每个质量活动进行成本效益分析,就是要比较其可能成本与预期效益。

131. 答案:D

参见 PMBOK®指南,第 300~302 页,8.3.1 节和第 298 页,图 8-10。

控制质量过程有以下输入:

项目管理计划

- 质量管理计划

项目文件

- 经验教训登记册
- 质量测量指标

项目质量管理 213

- 测试与评估文件

批准的变更请求

可交付成果

工作绩效数据

事业环境因素

组织过程资产

132. 答案：A

参见 PMBOK®指南，第 286 页，8.1.3.1 节。

质量管理计划

质量管理计划是项目管理计划的组成部分，描述如何实施适用的政策、程序和指南以实现质量目标。它描述了项目管理团队为实现一系列项目质量目标所需的活动和资源。质量管理计划可以是正式或非正式的，非常详细或高度概括的，其风格与详细程度取决于项目的具体需要。应该在项目早期就对质量管理计划进行评审，以确保决策是基于准确信息的。这样做的好处是，更加关注项目的价值定位，降低因返工而造成的成本超支金额和进度延误次数。

133. 答案：C

参见 PMBOK®指南，第 288 页，8.2 节，图 8-7。

管理质量

管理质量是把组织的质量政策用于项目，并将质量管理计划转化为可执行的质量活动的过程。本过程的主要作用是，提高实现质量目标的可能性，以及识别无效过程和导致质量低劣的原因。管理质量使用控制质量过程的数据和结果向相关方展示项目的总体质量状态。本过程需要在整个项目期间开展。

134. 答案：D

参见 PMBOK® 指南，第 271 页，8 节和图 8-1。

项目质量管理

质量成本（Cost of Quality，COQ）包括在产品生命周期中为预防不符合要求、为评价产品或服务是否符合要求，以及因未达到要求（返工）而发生的所有成本。失败成本通常分为内部（项目团队发现的）和外部（客户发现的）两类。失败成本也称为劣质成本。8.1.2.3 节给出了每类质量成本的一些例子。组织选择投资缺陷预防，因为它对产品生命周期有利。由于项目的临时性，针对产品生命周期的 COQ 决策，通常是项目集管理、项目组合管理、PMO 或运营的关注点。

135. 答案：A

参见 PMBOK® 指南，第 274 页，8 节。

项目质量管理

质量成本包括在产品生命周期中为预防不符合要求、为评价产品或服务是否符合要求，以及因未达到要求（返工）而发生的所有成本。失败成本通常分为内部（项目团队发现的）和外部（客户发现的）两类。失败成本也称为劣质成本。8.1.2.3 节给出了每类质量成本的一些例子。组织选择投资缺陷预防，因为它对产品生命周期有利。由于项目的临时性，针对产品生命周期的 COQ 决策，通常是项目集管理、项目组合管理、PMO 或运营的关注点。

136. 答案：C

参见 PMBOK®指南，第 304 页，8.3.2.5 节。

数据表现

适用于本过程的数据表现技术包括（但不限于）：

控制图。控制图用于确定一个过程是否稳定，或者是否具有可预测的绩效。规格上限和下限是根据要求制定的，反映了可允许的最大值和最小值。上下控制界限不同于规格界限。控制界限根据标准的统计原则，通过标准的统计计算确定，代表一个稳定过程的自然波动范围。项目经理和相关方可基于计算出的控制界限，识别须采取纠正措施的检查点，以预防不在控制界限内的绩效。控制图可用于监测各种类型的输出变量。虽然控制图最常用来跟踪批量生产中的重复性活动，但也可用来监测成本与进度偏差、产量、范围变更频率或其他管理工作成果，以便帮助确定项目管理过程是否受控。

137. 答案：A

参见 PMBOK®指南，第 304 页，8.3.2.5 节。

数据表现

适用于本过程的数据表现技术包括（但不限于）：

控制图。控制图用于确定一个过程是否稳定，或者是否具有可预测的绩效。规格上限和下限是根据要求制定的，反映了可允许的最大值和最小值。上下控制界限不同于规格界限。控制界限根据标准的统计原则，通过标准的统计计算确定，代表一个稳定过程的自然波动范围。项目经理和相关方可基于计算出的控制界限，识别须采取纠正措施的检查点，以预防不在控制界限内的绩效。控制图可用于监测各种类型的输出变量。虽然控制图最常用来跟踪批量生产中的重复性活动，但也可用来监测成本与进度偏差、产量、范围变更频率或其他管理工作成果，以便帮助确定项目管理过程是否受控。

138. 答案：B

参见 PMBOK® 指南，第 599 页，4.3 节。

管理质量

管理质量是把组织的质量政策用于项目，并将质量管理计划转化为可执行的质量活动的过程。本过程的主要作用是，提高实现质量目标的可能性，以及识别无效过程和导致质量低劣的原因。管理质量使用控制质量过程的数据和结果向相关方展示项目的总体质量状态。本过程需要在整个项目期间开展。

139. 答案：B

参见 PMBOK® 指南，第 282 页，8.1.2.3 节。

数据分析

适用于本过程的数据分析技术包括（但不限于）：

成本效益分析。成本效益分析是用来估算备选方案优势和劣势的财务分析工具，以确定可以创造最佳效益的备选方案。成本效益分析可帮助项目经理确定规划的质量活动是否有效利用了成本。达到质量要求的主要效益包括减少返工、提高生产率、降低成本、提升相关方满意度及提升盈利能力。对每个质量活动进行成本效益分析，就是要比较其可能成本与预期效益。

140. 答案：D

参见 PMBOK®指南，第 281 页，8.1.2.2 节。

数据收集

适用于本过程的数据收集技术包括（但不限于）：

标杆对照。标杆对照是将实际或计划的项目实践或项目的质量标准与可比项目的实践进行比较，以便识别最佳实践，形成改进意见，并为绩效考核提供依据。作为标杆的项目可以来自执行组织内部或外部，或者来自同一应用领域或其他应用领域。标杆对照也允许用不同应用领域或行业的项目做类比。

141. 答案：A

参见 PMBOK®指南，第 275 页。

项目质量管理的趋势和新兴实践

现代质量管理方法力求缩小差异，交付满足既定相关方要求的成果。项目质量管理的趋势可能包括（但不限于）：

持续改进。"计划—实施—检查—行动（PDCA）"循环是质量改进的基础。另外，诸如全面质量管理、六西格玛和精益六西格玛等质量改进举措也可以提高项目管理的质量及最终产品、服务或成果的质量。

142. 答案：A

参见 PMBOK® 指南，第 293 页，8.2.2.4 节。

数据表现

适用于本过程的数据表现技术包括（但不限于）：

亲和图。见 5.2.2.5 节。亲和图可以对潜在缺陷成因进行分类，展示最应关注的领域。用来对大量创意进行分组的技术，以便进一步审查和分析。

143. 答案：D

参见 PMBOK® 指南，第 276 页，引论。

裁剪考虑因素

每个项目都是独特的，因此项目经理需要裁剪项目质量管理过程。裁剪时应考虑的因素包括（但不限于）：

政策合规与审计。组织有哪些质量政策和程序？组织使用哪些质量工具、技术和模板？

标准与法规合规性。是否存在必须遵守的行业质量标准？需要考虑哪些政府、法律或法规方面的制约因素？

持续改进。如何管理项目中的质量改进？是在组织层面还是在单个项目层面进行管理？

相关方参与。项目环境是否有利于与相关方及供应商合作？

144. 答案：B

参见 PMBOK® 指南，第 55 页，3.4 节，第 61 页，表 1-4 和第 227

页，引论。

规划过程组

规划过程组确定工作的总范围，确定和细化目标，并制定实现这些目标所需的行动过程。规划过程制订项目管理计划和项目文件，这些文件将用于执行项目。

规划质量管理

识别项目及其可交付成果的质量要求和/或标准，并书面描述项目将如何证明符合质量要求和/或标准的过程。

项目资源管理

（PMBOK®指南第 9 章）

145. 答案：D

参见 PMBOK®指南，第 307 页，引论和第 308 页，图 9-1。

项目资源管理过程

项目资源管理过程包括：

9.1 规划资源管理——定义如何估算、获取、管理和利用实物，以及团队项目资源的过程。

9.2 估算活动资源——估算执行项目所需的团队资源，以及材料、设备和用品的类型和数量的过程。

9.3 获取资源——获取项目所需的团队成员、设施、设备、材料、用品和其他资源的过程。

9.4 建设团队——提高工作能力，促进团队成员互动，改善团队整体氛围，以提高项目绩效的过程。

9.5 管理团队——跟踪团队成员工作表现，提供反馈，解决问题并管理团队变更，以优化项目绩效的过程。

9.6 控制资源——确保按计划为项目分配实物资源，以及根据资源使用计划监督资源实际使用情况，并采取必要纠正措施的过程。

146. 答案：C

参见 PMBOK®指南，第 316~317 页，9.1.2.2 节。

数据表现

责任分配矩阵

责任分配矩阵展示项目资源在各个工作包中的任务分配。矩阵型图表的一个例子是责任分配矩阵（Responsibility Assignment Matrix，RAM），它显示了分配给每个工作包的项目资源，用于说明工作包或活动与项目团队成员之间的关系。在大型项目中，可以制定多个层次的 RAM。例如，高层次的 RAM 可定义项目团队、小组或部门负责 WBS 中的哪部分工作，而低层次的 RAM 则可在各小组内为具体活动分配角色、职责和职权。矩阵图能反映与每个人相关的所有活动，以及与每项活动相关的所有人员，它也可确保任何一项任务都只有一个人负责，从而避免职权不清。RAM 的一个例子是 RACI（执行、负责、咨询和知情）矩阵，如图 9-4 所示。图中最左边的一列表示有待完成的工作（活动）。分配给每项工作的资源可以是个人或小组，项目经理也可根据项目需要，选择"领导"或"资源"等适用词汇，来分配项目责任。如果团队是由内部和外部人员组成，RACI 矩阵对明确划分角色和职责特别有用。

147. 答案：D

参见 PMBOK®指南，第 318~319 页，9.1.3 节。

规划资源管理过程的输出

资源管理计划

作为项目管理计划的一部分，资源管理计划提供了关于如何分类、分配、管理和释放项目资源的指南。资源管理计划可以根据项目的具体情况分为团队管理计划和实物资源管理计划。资源管理计划可能包括（但不限于）：

识别资源。用于识别和量化项目所需的团队和实物资源的方法。

获取资源。关于如何获取项目所需的团队和实物资源的指南。

角色与职责……

148. 答案：C

参见 PMOBK®指南，第 328~329 页，9.3 节。

获取资源

获取资源是获取项目所需的团队成员、设施、设备、材料、用品和其他资源的过程。本过程的主要作用是，概述和指导资源的选择，并将其分配给相应的活动。本过程应根据需要在整个项目期间定期开展。

项目所需资源可能来自项目执行组织的内部或外部。内部资源由职能经理或资源经理负责获取（分配），外部资源通过采购过程获得。因为集体劳资协议、分包商人员使用、矩阵型项目环境、内外部报告关系或其他原因，项目管理团队可能对也可能不对资源选择有直接控制权。

149. 答案：B

参见 PMBOK®指南，第 328 页，9.3 节，第 331 页，9.3.1.3 节。

获取资源

获取资源是获取项目所需的团队成员、设施、设备、材料、用品和其他资源的过程。本过程的主要作用是，概述和指导资源的选择，并将其分配给相应的活动。本过程应根据需要在整个项目期间定期开展。

事业环境因素

能够影响获取资源过程的事业环境因素包括（但不限于）：

- 现有组织资源信息，包括可用性、能力水平，以及有关团队资源和资源成本的以往经验；

- 市场条件；
- 组织结构；
- 地理位置。

150. 答案：C

参见 PMBOK® 指南，第 318 页，9.1.3.1 节。

资源管理计划

作为项目管理计划的一部分，资源管理计划提供了关于如何分类、分配、管理和释放项目资源的指南。资源管理计划可以根据项目的具体情况分为团队管理计划和实物资源管理计划。

151. 答案：D

参见 PMBOK® 指南，第 341 页，9.4.2.5 节。

认可与奖励

在建设项目团队过程中，需要对成员的优良行为给予认可与奖励。最初的奖励计划是在规划资源管理过程中编制的，只有能满足被奖励者的某个重要需求的奖励，才是有效的奖励。在管理项目团队过程中，可以正式或非正式的方式做出奖励决定，但在决定认可与奖励时，应考虑文化差异。

当人们感受到自己在组织中的价值，并且可以通过获得奖励来体现这种价值，他们就会受到激励。通常，金钱是奖励制度中的有形奖励，然而也存在各种同样有效、甚至更加有效的无形奖励。大多数项目团队成员会因得到成长机会、获得成就感、得到赞赏，以及用专业技能迎接新挑战，而受到激励。项目经理应该在整个项目生命周期中尽可能地给予表彰，而不是等到项目完成时。

152. 答案：C

参见 PMBOK®指南，第 327 页，图 9-7 和第 332~334 页，9.3.2 节。

获取资源过程的工具与技术

1. 决策
2. 人际关系与团队技能
3. 预分派
4. 虚拟团队

153. 答案：C

参见 PMBOK®指南，第 348 页，9.5.2.1 节。

人际关系与团队技能

适用于本过程的人际关系与团队技能包括（但不限于）：

冲突管理。在项目环境中，冲突不可避免。冲突的来源包括资源稀缺、进度优先级排序和个人工作风格差异等。采用团队基本规则、团队规范及成熟的项目管理实践（如沟通规划和角色定义），可以减少冲突的数量。成功的冲突管理可提高生产力，改进工作关系。同时，如果管理得当，意见分歧有利于提高创造力和改进决策。假如意见分歧成为负面因素，应该先由项目团队成员负责解决；如果冲突升级，项目经理应提供协助，促成满意的解决方案，采用直接和合作的方式，尽早并且通常在私下处理冲突。如果破坏性冲突继续存在，则可使用正式程序，包括采取惩戒措施。项目经理解决冲突的能力往往决定其管理项目团队的成败。不同的项目经理可能采用不同的解决冲突方法。

影响冲突解决方法的因素包括：

- 冲突的重要性与激烈程度；
- 解决冲突的紧迫性；
- 涉及冲突的人员的相对权力；
- 维持良好关系的重要性；
- 永久或暂时解决冲突的动机。

154. 答案：B

参见 PMBOK®指南，第 341 页，9.4.2.4 节。

人际关系与团队技能

团队建设。团队建设是通过举办各种活动，强化团队的社交关系，打造积极合作的工作环境。团队建设活动既可以是状态审查会上的五分钟议程，也可以是为改善人际关系而设计的、在非工作场所专门举办的专业提升活动。团队建设活动旨在帮助各团队成员更加有效地协同工作。如果团队成员的工作地点相隔甚远，无法进行面对面接触，就特别需要有效的团队建设策略。非正式的沟通和活动有助于建立信任和良好的工作关系。团队建设在项目前期必不可少，但它更是个持续的过程。项目环境的变化不可避免，要有效应对这些变化，就需要持续不断地开展团队建设。项目经理应该持续地监督团队机能和绩效，确定是否需要采取措施来预防或纠正各种团队问题。

155. 答案：C

参见 PMBOK®指南，第 342 页，9.4.2.6 节。

培训

培训包括旨在提高项目团队成员能力的全部活动，可以是正式或非正式的，方式包括课堂培训、在线培训、计算机辅助培训、在岗培训（由其他项目团队成员提供）、辅导及训练。如果项目团队成员缺乏必要的管理或技术技能，可以把对这种技能的培养作为项目工作的一部分。项目经理应该按资源管理计划中的安排来实施预定的培训，也应该根据管理项目团队过程中的观察、交谈和项目绩效评估的结果，来开展必要的计划外培训，培训成本通常应该包括在项目预算中，或者如果增加的技能有利于未来的项目，则由执行组织承担。培训可以由内部或外部培训师来执行。

156. 答案：C

参见 PMBOK®指南，第 343 页，9.4.3.1 节。

团队绩效评价

随着项目团队建设工作（如培训、团队建设和集中办公等）的开展，项目管理团队应该对项目团队的有效性进行正式或非正式的评价。有效的团队建设策略和活动可以提高团队绩效，从而提高实现项目目标的可能性。评价团队有效性的指标可包括：

- 个人技能的改进，从而使成员更有效地完成工作任务；
- 团队能力的改进，从而使团队成员更好地开展工作；
- 团队成员离职率的降低；
- 团队凝聚力的加强，从而使团队成员公开分享信息和经验，并互相帮助来提高项目绩效。通过对团队整体绩效的评价，项目管理团队能够识别出所需的特殊培训、教练、辅导、协助或改变，以提高团队绩效。项目管理团队也应该识别出合适或所需的资源，以执行和实现在绩效评价过程中提出的改进建议。

157. 答案：C

参见 PMBOK® 指南，第 348~349 页，9.5.2.1 节。

人际关系与团队技能

有五种常用的冲突解决方法，每种技巧都有各自的作用和用途。

撤退/回避。从实际或潜在冲突中退出，将问题推迟到准备充分的时候，或者将问题推给其他人员解决。

缓和/包容。强调一致而非差异；为维持和谐与关系而退让一步，考虑其他方的需要。

妥协/调解。为了暂时或部分解决冲突，寻找能让各方都在一定程度上满意的方案，但这种方法有时会导致"双输"局面。

强迫/命令。以牺牲其他方为代价，推行某一方的观点；只提供赢—输方案。通常是利用权力来强行解决紧急问题，这种方法会导致"赢—输"局面。

合作/解决问题。综合考虑不同的观点和意见，采用合作的态度和开放式对话引导各方达成共识和承诺，这种方法可以带来双赢局面。

158. 答案：A

参见 PMBOK® 指南，第 345 页，9.5 节。

组织理论

组织理论阐述个人、团队和组织部门的行为方式。有效利用组织理论中的通用知识，可以节约编制人力资源管理计划的时间、成本及人力投入，提高规划工作的效率。在不同的组织结构中，人们可能有不同的表现、不同的业绩，可能展现出不同的交际特点。认识到这一点是非常重要的。此外，可以根据组织理论灵活使用领导风格，以适应项目生命周期中团队成熟度的变化。

159. 答案：B

参见 PMBOK®指南，第 338 页，9.4 节。

建设团队

有一种关于团队发展的模型叫塔克曼阶梯理论，其中包括团队建设通常要经过的五个阶段。尽管这些阶段通常按顺序进行，然而，团队停滞在某个阶段或退回到较早阶段的情况也不罕见；如果团队成员曾经共事过，项目团队建设也可跳过某个阶段。

形成阶段。在本阶段，团队成员相互认识，并了解项目情况及他们在项目中的正式角色与职责。在这一阶段，团队成员倾向于相互独立，不一定开诚布公。

震荡阶段。在本阶段，团队开始从事项目工作、制定技术决策和讨论项目管理方法。如果团队成员不能用合作和开放的态度对待不同观点和意见，团队环境可能变得事与愿违。

规范阶段。在规范阶段，团队成员开始协同工作，并调整各自的工作习惯和行为来支持团队，团队成员会学习相互信任。

成熟阶段。进入这一阶段后，团队像一个组织有序的单位那样工作，团队成员之间相互依靠，平稳高效地解决问题。

解散阶段。在解散阶段，团队完成所有工作，团队成员离开项目。通常在项目可交付成果完成之后，或者在结束项目或阶段过程中释放人员，解散团队。

160. 答案：C

参见 PMBOK®指南，第 322~324 页，9.2.1 节。

估算活动资源过程的输入：

1. 项目管理计划
2. 项目文件
3. 事业环境因素
4. 组织过程资产

161. 答案：C

参见 PMBOK®指南，第 325 页，9.2.3.1 节。

资源需求

资源需求识别了各个工作包或工作包中每个活动所需的资源类型和数量，可以汇总这些需求，以估算每个工作包、每个 WBS 分支及整个项目所需的资源。资源需求描述的细节数量与具体程度因应用领域而异，而资源需求文件也可包含为确定所用资源的类型、可用性和所需数量所做的假设。

162. 答案：B

参见 PMBOK®指南，第 341 页，9.4.2.4 节。

团队建设

团队建设是通过举办各种活动，强化团队的社交关系，打造积极合作的工作环境。团队建设活动既可以是状态审查会上的五分钟议程，也可以是为改善人际关系而设计的、在非工作场所专门举办的专业提升活动。团队建设活动旨在帮助各团队成员更加有效地协同工作。如果团队成员的工作地点相隔甚远，无法进行面对面接触，就特别需要有效的团队建设策略。非正式的沟通和活动有助于建立信任和良好的工作关系。团队建设在项目前期必不可少，但它更是个持续的过程。项目环境的变化不可避免，要有效应对这些变化，就需要持续不断地开展团队建设。项目经理应该持续地监督团队机能和绩效，确定是否需要采取措施来预防或纠正各种团队问题。

163. 答案：C

参见 PMBOK®指南，第 341 页，9.4.2.4 节。

激励为某人采取行动提供了理由。提高团队参与决策的能力并鼓励他们独立工作。

项目沟通管理

（PMBOK®指南第 10 章）

164. 答案：A

参见 PMBOK®指南，第 359~360 页和第 360 页，图 10-1。

项目沟通管理

图 10-1 显示了项目沟通管理各个过程的概述。包括：

10.1 规划沟通管理——基于每个相关方或相关方群体的信息需求、可用的组织资产，以及具体项目的需求，为项目沟通活动制定恰当的方法和计划的过程。

10.2 管理沟通——确保项目信息及时且恰当地收集、生成、发布、存储、检索、管理、监督和最终处置的过程。

10.3 监督沟通——确保满足项目及其相关方的信息需求的过程。

165. 答案：A

参见 PMBOK®指南，第 366~367 页，10.1 节和第 366 页，图 10-2。
规划沟通管理过程的输入包括：
项目章程
项目管理计划
- 资源管理计划
- 相关方参与计划

项目文件
- 需求文件
- 相关方登记册

事业环境因素
组织过程资产

166. 答案：D

参见 PMBOK®指南，第 368~370 页，10.1.1.2 节和 4.2.3.1 节。

沟通管理计划

沟通管理计划是项目管理计划的组成部分，描述将如何规划、结构化、执行与监督项目沟通，以提高沟通的有效性。该计划包括如下信息：

- 相关方的沟通需求；
- 需沟通的信息，包括语言、形式、内容和详细程度；
- 上报步骤；
- 发布信息的原因；
- 发布所需信息、确认已收到，或做出回应（若适用）的时限和频率；
- 负责沟通相关信息的人员；
- 负责授权保密信息发布的人员；
- 接收信息的人员或群体，包括他们的需要、需求和期望；
- 用于传递信息的方法或技术，如备忘录、电子邮件、新闻稿或社交媒体；
- 为沟通活动分配的资源，包括时间和预算；
- 随着项目进展，如项目不同阶段相关方社区的变化，而更新与优化沟通管理计划的方法；
- 通用术语表；
- 项目信息流向图、工作流程（可能包含审批程序）、报告清单和会议计划等；
- 来自法律法规、技术、组织政策等的制约因素。

沟通管理计划中还包括关于项目状态会议、项目团队会议、网络会议和电子邮件等的指南和模板。如果项目要使用项目网站和项目管理软件，那就要把它们写进沟通管理计划。

167. 答案：A

参见 PMBOK®指南，第 385 页，10.2.2.4 节。

项目管理信息系统

项目管理信息系统能够确保相关方及时便利地获取所需信息。用来管理和分发项目信息的工具有很多，包括：

电子项目管理工具。 项目管理软件、会议和虚拟办公支持软件、网络界面、专门的项目门户网站和状态仪表盘，以及协同工作管理工具。

电子沟通管理。 电子邮件、传真和语音邮件，音频、视频和网络会议，以及网站和网络发布。

社交媒体管理。 网站和网络发布，以及为促进相关方参与和形成在线社区而建立的博客和应用程序。

168. 答案：C

参见 PMBOK®指南，第 370~371 页，10.1.2.3 节。

沟通技术

用于在项目相关方之间传递信息的方法很多。

可能影响沟通技术选择的因素包括：

- 信息需求的紧迫性；
- 技术的可用性与可靠性；

- 易用性；
- 项目环境；
- 信息的敏感性和保密性。

169. 答案：B

参见 PMBOK® 指南，第 371~373 页，10.1.2.4 节和图 10-4。

沟通模型

沟通模型可以是最基本的线性（发送方和接收方）沟通过程，也可以是增加了反馈元素（发送方、接收方和反馈）、更具互动性的沟通形式，甚至可以是融合了发送方或接收方的人性因素、试图考虑沟通复杂性的更加复杂的沟通模型。

作为沟通过程的一部分，发送方负责信息的传递，确保信息的清晰性和完整性，并确认信息已被正确理解；接收方负责确保完整地接收信息，正确地理解信息，并需要告知已收到或做出适当的回应。在发送方和接收方所处的环境中，都可能存在会干扰有效沟通的各种噪声和其他障碍。

170. 答案：C

参见 PMBOK® 指南，第 371~373 页，10.1.2.4 节和图 10-4。

沟通模型

作为沟通过程的一部分，发送方负责信息的传递，确保信息的清晰性和完整性，并确认信息已被正确理解；接收方负责确保完整地接收信息，正确地理解信息，并需要告知已收到或做出适当的回应。在发送方和接收方所处的环境中，都可能存在会干扰有效沟通的各种噪声和其他障碍。

倾听是沟通的重要组成部分。倾听技巧，无论是主动的还是被动的，都能让用户对问题区域、谈判和冲突管理、决策和问题解决有深入的了解。

171. 答案：D

参见 PMBOK®指南，第 369~370 页，10.1.2.2 节。

沟通需求分析

分析沟通需求，确定项目相关方的信息需求，包括所需信息的类型和格式，以及信息对相关方的价值。

常用于识别和确定项目沟通需求的信息包括（但不限于）：

- 相关方登记册及相关方参与计划中的相关信息和沟通需求；
- 潜在沟通渠道或途径数量，包括一对一、一对多和多对多沟通；
- 组织结构图；
- 项目组织与相关方的职责、关系及相互依赖；
- 开发方法；
- 项目所涉及的学科、部门和专业；
- 有多少人在什么地点参与项目；
- 内部信息需要（如何时在组织内部沟通）；
- 外部信息需要（如何时与媒体、公众或承包商沟通）；
- 法律要求。

172. 答案：C

参见 PMBOK®指南，第 359~362 页，序言。

项目沟通管理

沟通活动可按多种维度进行分类，包括（但不限于）：

内部。针对项目内部或组织内部的相关方。

外部。针对外部相关方，如客户、供应商、其他项目、组织、政府、公众和环保倡导者。

正式。报告、正式会议（定期及临时）、会议议程和记录、相关方简报和演示。

非正式。采用电子邮件、社交媒体、网站，以及非正式临时讨论的一般沟通活动。

层级沟通。相关方或相关方群体相对于项目团队的位置将会以如下方式影响信息传递的形式和内容：

- 向上沟通。针对高层相关方。
- 向下沟通。针对承担项目工作的团队和其他人员。
- 横向沟通。针对项目经理或团队的同级人员。

官方沟通。年报，呈交监管机构或政府部门的报告。

非官方沟通。采用灵活（往往为非正式）的手段，来建立和维护项目团队及其相关方对项目情况的了解和认可，并在他们之间建立强有力的关系。

书面与口头沟通。口头（用词和音调变化）及非口头（肢体语言和行为），社交媒体和网站、媒体发布。

173. 答案：C

参见 PMBOK®指南，第 385 页，10.2.2.4 节。

项目管理信息系统

见 4.3.2.2 节。项目管理信息系统能够确保相关方及时便利地获取所需信息。用来管理和分发项目信息的工具很多，包括：

电子项目管理工具。项目管理软件、会议和虚拟办公支持软件、网络界面、专门的项目门户网站和状态仪表盘，以及协同工作管理工具。

电子沟通管理。电子邮件、传真和语音邮件，音频、视频和网络会议，以及网站和网络发布。

社交媒体管理。网站和网络发布，以及为促进相关方参与和形成在线社区而建立的博客和应用程序。

174. 答案：D

参见 PMBOK®指南，第 379~380 页，10.2 节，图 10-5。

管理沟通

有效的沟通管理需要借助相关技术并考虑相关事宜，包括（但不限于）：

- 沟通技术；
- 沟通技能。

  —沟通胜任力；

  —反馈；

  —非言语；

  —演示。

- 项目管理信息系统
- 项目报告
- 人际关系与团队技能
    —积极倾听；
    —冲突管理；
    —文化意识；
    —会议管理；
    —人际交往；
    —政治意识。
- 会议。

175. 答案：B

参见 PMBOK®指南，第 388 页，10.3 节，图 10-7。

监督沟通是确保满足项目及其相关方的信息需求的过程。本过程的主要作用是，按沟通管理计划和相关方参与计划的要求优化信息传递流程。本过程需要在整个项目期间开展。

项目风险管理

(PMBOK®指南第 11 章)

176. 答案：D

参见 PMBOK®指南，第 395~396 页，序言和第 396 页，图 11-1。

项目风险管理过程

项目风险管理包括规划风险管理、识别风险、开展风险分析、规划风险应对、实施风险应对和监督风险的各个过程。项目风险管理的目标在于提高正面风险的概率和（或）影响，降低负面风险的概率和（或）影响，从而提高项目成功的可能性。

图 11-1 概括了项目风险管理的各个过程，包括：

11.1 规划风险管理——定义如何实施项目风险管理活动的过程。

11.2 识别风险——识别单个项目风险，以及整体项目风险的来源，并记录风险特征的过程。

11.3 实施定性风险分析——通过评估单个项目风险发生的概率和影响及其他特征，对风险进行优先级排序，从而为后续分析或行动提供基础的过程。

11.4 实施定量风险分析——就已识别的单个项目风险和其他不确定性的来源对整体项目目标的综合影响进行定量分析的过程。

11.5 规划风险应对——为处理整体项目风险敞口，以及应对单个项目风险，而制订可选方案、选择应对策略并商定应对行动的过程。

11.6 实施风险应对——执行商定的风险应对计划的过程。

11.7 监督风险——在整个项目期间，监督商定的风险应对计划的实施、跟踪已识别风险、识别和分析新风险，以及评估风险管理有效性的过程。

177. 答案：A

参见 PMBOK®指南，第 442~443 页，11.5.2.4 节。

威胁应对策略

通常用规避、转移、减轻这三种策略来应对威胁或可能给项目目标带来消极影响的风险。第四种策略，即接受，既可用来应对消极风险或威胁，也可用来应对积极风险或机会。每种风险应对策略对风险状况都有不同且独特的影响。要根据风险的发生概率和对项目总体目标的影响选择不同的策略。规避和减轻策略通常适用于高影响的严重风险，而转移和接受更适用于低影响的不太严重的威胁。

178. 答案：D

参见 PMBOK®指南，第 442~443 页，11.5.2.4 节。

威胁应对策略

风险转移是指项目团队把威胁造成的影响连同应对责任一起转移给第三方的风险应对策略。风险转移是把风险管理责任简单地推给另一方，而并非消除风险。转移并不是把风险推给后续的项目，也不是未经他人知晓或同意就把风险推给他人。采用风险转移策略，是需要向风险承担者支付风险费用的。风险转移策略对处理风险的财务后果最有效。风险转移可采用多种工具，包括（但不限于）保险、履约保函、担保书和保证书等。可以利用合同或协议把某些具体风险转移给另一方。例如，如果买方具备卖方所不具备的某种能力，为谨慎起见，可通过合同规定把部分工作及其风险再转移给买方。在许多情况下，成本补偿合同可把成本风险转移给买方，而总价合同可把风险转移给卖方。

179. 答案：C

参见 PMBOK®指南，第 442~443 页，11.5.2.4 节。

威胁应对策略

风险接受是指承认威胁的存在，但不主动采取措施。此策略可用于低优先级威胁，也可用于无法以任何其他方式加以经济有效地应对的威胁。接受策略又分为主动或被动方式。最常见的主动接受策略是建立应急储备，包括预留时间、资金或资源以应对出现的威胁；被动接受策略则不会主动采取行动，而只是定期对威胁进行审查，确保其并未发生重大改变。

180. 答案：A

参见 PMBOK®指南，第 417~418 页，11.2.3 节，图 11-6。

识别风险过程的输出

1. 风险登记册

识别风险过程的主要输出就是风险登记册中的最初内容。风险登记册会记录风险分析和风险应对规划的结果。随着其他风险管理过程的实施，风险登记册还将包括这些过程的输出，其中的信息种类和数量也就逐渐增加。风险登记册的编制始于识别风险过程，然后供其他风险管理过程和项目管理过程使用。

- 已识别风险清单……
- 潜在应对措施清单……

181. 答案：A

参见 PMBOK®指南，第 414 页，11.2.2.2 节。

数据收集

核对单。核对单是包括需要考虑的项目、行动或要点的清单。它常被用作提醒，基于从类似项目和其他信息来源积累的历史信息和知识来编制核对单。编制核对单，列出过去曾出现且可能与当前项目相关的具体单个项目风险，这是吸取已完成的类似项目的经验教训的有效方式。组织可能基于自己已完成的项目来编制核对单，也可能采用特定行业的通用风险核对单。虽然核对单简单易用，但它不可能穷尽所有风险。所以，必须确保不要用核对单来取代所需的风险识别工作；同时，项目团队也应该注意考察未在核对单中列出的事项。此外，还应该不时地审查核对单，增加新信息，删除或存档过时信息。

182. 答案：C

参见 PMBOK®指南，第 411~412 页，11.2.1 节，图 11-6。

识别风险过程有如下输出内容：

- 项目管理计划
  — 需求管理计划；
  — 进度管理计划；
  — 成本管理计划；
  — 资源管理计划；
  — 风险管理计划；
  — 质量管理计划；
  — 范围基准；

— 进度基准；

— 成本基准。

- 项目文件

    — 假设日志；

    — 成本估算；

    — 持续时间估算；

    — 问题日志；

    — 经验教训登记册；

    — 需求文件；

    — 资源需求；

    — 相关方登记册。

- 协议；
- 采购文档；
- 事业环境因素；
- 组织过程资产。

183. 答案：B

参见 PMBOK®指南，第 437~438 页，11.5.3 节，图 11-16。规划风险应对措施过程的输出有如下内容：

- 变更请求；
- 项目管理计划更新

    — 进度管理计划；

    — 成本管理计划；

    — 质量管理计划；

— 资源管理计划；

— 采购管理计划；

— 范围基准；

— 进度基准；

— 成本基准。

- 项目文件更新

— 假设日志；

— 成本预测；

— 经验教训登记册；

— 项目进度计划；

— 风险登记册。

184. 答案：D

参见 PMBOK®指南，第 428~432 页，11.4.2 节；第 428 页，图 11-11。

实施定量风险分析过程的工具与技术包括：
- 专家判断
- 数据收集

— 访谈
- 人际关系与团队技能

— 引导
- 不确定性表现方式
- 数据分析

— 模拟；

— 敏感性分析；

— 决策树分析；

— 影响图。

185. 答案：A

参见 PMBOK® 指南，第 436 页，11.4.3 节；第 428 页，图 11-11。实施定量风险分析过程的输出包括：

- 项目文件更新
  — 风险报告

186. 答案：D

参见 PMBOK® 指南，第 405 页，11.1.3.1 节；第 407 页，表 11-1 和第 422 页，11.3.2 节。

风险概率和影响定义

根据具体的项目环境、组织和关键相关方的风险偏好和临界值，来制定风险概率和影响定义。项目可能自行制定关于概率和影响级别的具体定义，或者用组织提供的通用定义作为出发点。应该根据拟开展项目风险管理过程的详细程度，来确定概率和影响级别的数量，即更多级别（通常为五级）对应于更详细的风险管理方法，更少级别（通常为三级）对应于更简单的方法。表 11-1 针对三个项目目标提供了概率和影响定义的示例。通过将影响定义为负面威胁（工期延误、成本增加和绩效不佳）和正面机会（工期缩短、成本节约和绩效改善），表格所示的量表可同时用于评估威胁和机会。

概率和影响矩阵

组织可在项目开始前确定优先级排序规则，并将其纳入组织过程资产，也可为具体项目量身定制优先级排序规则。在常见的概率和影响矩阵中，会同时列出机会和威胁；以正面影响定义机会，以负面影响定义威胁。概率和影响可以用描述性术语（如很高、高、中、低和很低）或数值来表达。如果使用数值，就可以把两个数值相乘，得出每个风险的概率-影响分值，以便据此在每个优先级组别之内排列单个风险相对优先级。

风险概率和影响评估

风险概率评估考虑的是特定风险发生的可能性，而风险影响评估考虑的是风险对一项或多项项目目标的潜在影响，如进度、成本、质量或绩效。威胁将产生负面的影响，机会将产生正面的影响。要对每个已识别的单个项目风险进行概率和影响评估。

187. 答案：B

参见 PMBOK®指南，第 457 页，11.7.3 节；第 453 页，图 11-20。
监督风险过程的输入有如下内容：
1. 工作绩效信息
2. 变更请求
3. 项目管理计划更新
4. 项目文件更新
5. 组织过程资产更新

188. 答案：A

参见 PMBOK®指南，第 425~426 页，11.3.2.6 节和图 11-10。

概率和影响矩阵

概率和影响矩阵是把每个风险发生的概率和一旦发生对项目目标的影响映射起来的表格。此矩阵对概率和影响进行组合，以便于把单个项目风险划分成不同的优先级组别（见图 11-5）。基于风险的概率和影响，对风险进行优先级排序，以便未来进一步分析并制定应对措施。采用风险管理计划中规定的风险概率和影响定义，逐一对单个项目风险的发生概率及其对一项或多项项目目标的影响（若发生）进行评估。然后，基于所得到的概率和影响的组合，使用概率和影响矩阵，来为单个项目风险分配优先级别。组织可针对每个项目目标（如成本、时间和范围）制定单独的概率和影响矩阵，并用它们来评估风险针对每个目标的优先级别。组织还可以用不同的方法为每个风险确定一个总体优先级别，即可综合针对不同目标的评估结果，也可采用最高优先级别（无论针对哪个目标），作为风险的总体优先级别。

189. 答案：B

参见 PMBOK®指南，第 433~434 页，11.4.2.5 节，图 11-14。

敏感性分析

敏感性分析有助于确定哪些单个项目风险或其他不确定性来源对项目结果具有最大的潜在影响。它在项目结果变异与定量风险分析模型中的要素变异之间建立联系。敏感性分析的结果通常用龙卷风图来表示。在该图中，标出定量风险分析模型中的每项要素与其能影响的项目结果之间的关联系数。这些要素可包括单个项目风险、易变的项目活动，或者具体的不明确性来源。每个要素按关联强度降序排列，形成典型的龙卷风形状。龙卷风图示例，如图 11-14 所示。

190. 答案：C

参见 PMBOK®指南，第 432 页，11.4.2.4 节。

不确定性表现方式。连续概率分布在建模和仿真中得到了广泛应用，它代表了价值的不确定性，比如日程活动的持续时间和项目组件的成本。离散分布可以用来表示不确定的事件，例如在决策树中测试的结果或可能的场景。

预期货币价值分析。预期货币价值（Expected Monetary Value，EMV）分析是当某些情况在未来可能发生或不发生时，计算平均结果的一种统计方法（不确定性下的分析）。机会的 EMV 通常表示为正值，而威胁的 EMV 表示为负值。EMV 是建立在风险中立的假设之上的，既不避险，也不冒险。把每个可能结果的数值与其发生的概率相乘，再把所有乘积相加，就可以计算出项目的 EMV。这种技术经常在决策树分析中使用（见图 11-15）。

规划风险应对措施：工具与技术

有若干种风险应对策略可供使用。应该为每个风险选择最可能有效的策略或策略组合。可利用风险分析工具（如决策树分析，见 11.4.2.5 节）来选择最适当的应对策略。

决策树分析是一种图表和计算的技术，用于评价在不确定的情况下，一系列多重选择的含义。

191. 答案：C

参见 PMBOK®指南，第 405 页，11.1.3.1 节。

风险管理计划

风险管理计划是项目管理计划的组成部分，描述如何安排与实施风险管理活动。风险管理计划可包括以下部分或全部内容：

风险管理战略。描述用于管理本项目的风险的一般方法。

方法论。确定用于开展本项目的风险管理的具体方法、工具及数据来源。

角色与职责。确定每项风险管理活动的领导者、支持者和团队成员，并明确他们的职责。

资金。确定开展项目风险管理活动所需的资金，并制订应急储备和管理储备的使用方案。

时间安排。确定在项目生命周期中实施项目风险管理过程的时间和频率，确定风险管理活动并将其纳入项目进度计划。

风险类别。确定对单个项目风险进行分类的方式。通常借助风险分解结构（Risk Breakdown Structure，RBS）来构建风险类别。风险分解结构是潜在风险来源的层级展现（示例见图 11-4）。风险分解结构有助于项目团队考虑单个项目风险的全部可能来源，对识别风险或归类已识别风险特别有用。组织可能有适用于所有项目的通用风险分解结构，也可能针对不同类型项目使用几种不同的风险分解结构框架，或者允许项目量身定制专用的风险分解结构。如果未使用风险分解结构，组织则可能采用某种常见的风险分类框架，既可以是简单的类别清单，也可以是基于项目目标的某种类别结构。

192. 答案：C

参见 PMBOK®指南，第 419 页，11.3 节。

实施定性风险分析

实施定性风险分析是通过评估单个项目风险发生的概率和影响及其他特征，对风险进行优先级排序，从而为后续分析或行动提供基础的过程。本过程的主要作用是重点关注高优先级的风险。本过程需要在整个项目期间开展。图 11-8 描述了本过程的输入、工具与技术和输出。图 11-9 是本过程的数据流向图。

193. 答案：A

参见 PMOBK®指南，第 453 页，11.7 节。

监督风险是在整个项目期间，监督商定的风险应对计划的实施、跟踪已识别风险、识别和分析新风险，以及评估风险管理有效性的过程。本过程的主要作用是，使项目决策都基于关于整体项目风险敞口和单个项目风险的当前信息。本过程需要在整个项目期间开展。图 11-20 描述了本过程的输入、工具与技术和输出。图 11-21 是本过程的数据流向图。

194. 答案：B

参见 PMBOK®指南，第 415 页，11.2.2.3 节。

数据分析

SWOT 分析是对项目的优势、劣势、机会和威胁（Strengths, Weaknesses, Opportunities and Threats，SWOT）进行逐个检查。在识

别风险时，它会将内部产生的风险包含在内，从而拓宽识别风险的范围。首先，关注项目、组织或一般业务领域，识别出组织的优势和劣势；然后，找出组织优势可能为项目带来的机会，组织劣势可能造成的威胁。还可以分析组织优势能在多大程度上克服威胁，组织劣势是否会妨碍机会的产生。

195. 答案：B

参见 PMBOK® 指南，第 450 页，11.6.1 节。

实施风险应对策略过程的输入包括以下内容：

- 项目管理计划
  — 风险管理计划
- 项目文件
  — 经验教训登记册；
  — 风险登记册；
  — 风险报告。
- 组织过程资产

项目采购管理

(PMBOK® 指南第 12 章)

196. 答案：C

参见 PMBOK® 指南，第 466~467 页，12.1 节和图 12-2。规划采购管理过程的输入包括以下内容：

- 项目章程
- 商业文件
  — 商业论证；
  — 收益管理计划。
- 项目管理计划
  — 范围管理计划；
  — 质量管理计划；
  — 资源管理计划；
  — 范围基准。
- 项目文件
  — 里程碑清单；
  — 项目团队派工单；
  — 需求文件；
  — 需求跟踪矩阵；
  — 资源需求；
  — 风险登记册；
  — 相关方登记册。
- 事业环境因素
- 组织过程资产

197. 答案：A

参见 PMBOK®指南，第 477 页，12.1.3.3 节。

采购文档

采购文档是用于达成法律协议的各种书面文件，其中可能包括当前项目启动之前的较旧文件。采购文档可包括：

招标文件。见 12.1.3.3 节。招标文件包括发给卖方的信息邀请书、建议邀请书、报价邀请书或其他文件，以便卖方编制应答文件。

12.2.1.4 卖方建议书

卖方为响应采购文件包而编制的建议书，其中包含的基本信息将被评估团队用于选定一个或多个投标人（卖方）。如果卖方将提交价格建议书，最好要求他们将价格建议书与技术建议书分开。评估团队会根据供方选择标准审查每份建议书，然后选出最能满足采购组织需求的卖方。

198. 答案：D

参见 PMBOK®指南，第 485 页，12.2.1.3 节。

采购文档

采购文档是用于达成法律协议的各种书面文件，其中可能包括当前项目启动之前的较旧文件。采购文档可包括：

招标文件。见 12.1.3.3 节。招标文件包括发给卖方的信息邀请书、建议邀请书、报价邀请书或其他文件，以便卖方编制应答文件。

采购工作说明书。见 12.1.3.4 节。采购工作说明书（Statement of Work，SOW）向卖方清晰地说明目标、需求及成果，以便卖方据此做出量化应答。

独立成本估算。见 12.1.3.7 节。独立成本估算可由内部或外部人员编制，用于评价投标人提交的建议书的合理性。

供方选择标准。见 12.1.3.5 节。此类标准描述如何评估投标人的建议书，包括评估标准和权重。为了减轻风险，买方可能决定与多个卖方签署协议，以便在单个卖方出问题并影响整体项目时，降低由此导致的损失。

199. 答案：C

参见 PMBOK® 指南，第 496 页，12.3.1.5 节。

批准的变更请求

批准的变更请求可能包括对合同条款和条件的修改，例如，修改采购工作说明书、定价，以及对产品、服务或成果的描述。与采购相关的任何变更，在通过控制采购过程实施之前，都需要以书面形式正式记录，并取得正式批准。在复杂的项目和项目集中，变更请求可能由参与项目的卖方提出，并对参与项目的其他卖方造成影响。项目团队应该有能力去识别、沟通和解决会影响多个卖方的工作的变更。

200. 答案：B

参见 PMBOK® 指南，第 487 页，12.2.2.2 节。

广告

在大众出版物（如指定的报纸）或专门行业出版物上刊登广告，往往可以扩充现有的潜在卖方名单。大多数政府机构都要求公开发布采购广告，或者在网上公布拟签署的政府合同的信息。

项目采购管理 259

201. 答案：A

参见 PMBOK® 指南，第 492 页，12.3 节。

控制采购

买家与卖家通常通过被授权的采购管理员，以正式的书面文件——合同完成采购。正式采购关闭的要求通常是在合同的条款和承诺中定义的，并被纳入采购管理计划中。

……

可交付成果的验收。 本组织可能要求保留对卖方提供的可交付成果的正式接受文件。结束采购过程确保了这一需求的满足。正式交付验收的要求，通常在协议中定义。

202. 答案：B

参见 PMBOK® 指南，第 471 页，12.1.1.6 节。

组织过程资产

总价合同。 此类合同为既定产品、服务或成果的采购设定一个总价。这种合同应在已明确定义需求，且不会出现重大范围变更的情况下使用。总价合同的类型包括：

固定总价（Firm Fixed Price，FFP）。 FFP 是最常用的合同类型。大多数买方都喜欢这种合同，因为货物采购的价格在一开始就已确定，并且不允许改变（除非工作范围发生变更）。

总价加激励费用（Fixed Price Incentive Fee，FPIF）。 这种总价合同为买方和卖方提供了一定的灵活性，允许一定的绩效偏离，并对实现既定目标给予相关的财务奖励（通常取决于卖方的成本、进度或技术绩效）。FPIF 合同中会设置价格上限，高于此价格上限的全部成本将由卖方承担。

总价加经济价格调整（Fixed Price with Economic Price Adjustments，FPEPA）。这种合同适用于两种情况：卖方履约期将跨越几年时间，或者将以不同货币支付价款。它是总价合同的一种类型，但合同中包含了特殊条款，允许根据条件变化，如通货膨胀、某些特殊商品的成本增加（或降低），以事先确定的方式对合同价格进行最终调整。

203. 答案：D

参见 PMBOK® 指南，第 498 页，12.3.2.2 节。

索赔管理

如果买卖双方不能就变更补偿达成一致意见，或者对变更是否发生存在分歧，那么被请求的变更就成为有争议的变更或潜在的推定变更。此类有争议的变更称为索赔。如果不能妥善解决，它们会成为争议并最终引发申诉。在整个合同生命周期中，通常会按照合同条款对索赔进行记录、处理、监督和管理。如果合同双方无法自行解决索赔问题，则可能不得不按合同中规定的程序，用替代争议解决方法（Alternative Dispute Resolution，ADR）去处理。谈判是解决所有索赔和争议的首选方法。

204. 答案：C

参见 PMBOK® 指南，第 499 页，12.3.3.4 节。

变更请求

变更请求是关于修改任何文件、可交付成果或基准的正式提议。

项目采购管理 **261**

如果在开展项目工作时发现问题,就可提出变更请求,对项目政策或程序、项目或产品范围、项目成本或预算、项目进度计划、项目或产品结果的质量进行修改。其他变更请求包括必要的预防措施或纠正措施,用来防止以后的不利后果。任何项目相关方都可以提出变更请求,应该通过实施整体变更控制过程(见 4.6 节)对变更请求进行审查和处理。变更请求源自项目内部或外部,是可选或由法律(合同)强制的。

205. 答案:A

参见 PMBOK®指南,第 471 页,12.1.1.6 节。

组织过程资产

总价合同。此类合同为既定产品、服务或成果的采购设定一个总价。这种合同应在已明确定义需求,且不会出现重大范围变更的情况下使用。

成本补偿合同。此类合同向卖方支付为完成工作而发生的全部合法实际成本(可报销成本),外加一笔费用作为卖方的利润。这种合同适用于:工作范围预计会在合同执行期间发生重大变更。

工料合同(Time and Material contracts,T&M)。工料合同(又称时间和手段合同),是兼具成本补偿合同和总价合同特点的混合型合同。这种合同往往适用于:在无法快速编制出准确的工作说明书的情况下扩充人员、聘用专家或寻求外部支持。

206. 答案:B

参见 PMBOK®指南,第 477 页,12.1.3.4 节。

采购工作说明书

依据项目范围基准，为每次采购编制工作说明书，仅对将要包含在相关合同中的那部分项目范围进行定义。工作说明书会详细地描述拟采购的产品、服务或成果，以便潜在卖方确定是否有能力提供此类产品、服务或成果。根据采购品的性质、买方的需求，或拟采用的合同形式，工作说明书的详细程度会有较大不同。工作说明书的内容包括规格、所需数量、质量水平、绩效数据、履约期间、工作地点和其他要求。

采购工作说明书应力求清晰、完整和简练。它需要说明所需的附加服务，例如，报告绩效，或对采购品的后续运营支持。在采购过程中，应根据需要对工作说明书进行修订，直到它成为所签协议的一部分。

207. 答案：D

参见 PMBOK® 指南，第 478 页，12.1.3.5 节。

供方选择标准

在确定评估标准时，买方要努力确保选出的建议书将提供最佳质量的所需服务。供方选择标准可包括（但不限于）：

- 能力和潜能；
- 产品成本和生命周期成本；
- 交付日期；
- 技术专长和方法；
- 具体的相关经验；
- 用于响应工作说明书的工作方法和工作计划；

- 关键员工的资质、可用性和胜任力；
- 公司的财务稳定性；
- 管理经验；
- 知识转移计划，包括培训计划。

针对国际项目，评估标准还可包括"本地内容"要求，例如，在提议的关键员工中要有本国人。

208. 答案：D

参见 PMBOK®指南，第 482~483 页，12.2 节。

实施采购过程包括如下工具与技术：

1. 专家判断
2. 广告
3. 投标人会议
4. 数据分析
   - 建议书评价
5. 谈判

209. 答案：B

参见 PMBOK®指南，第 471 页，12.1.1.6 节。

组织过程资产

成本补偿合同。此类合同向卖方支付为完成工作而发生的全部合法实际成本（可报销成本），外加一笔费用作为卖方的利润。这种合同适用于工作范围预计会在合同执行期间发生重大变更。

成本补偿合同包括：

成本加固定费合同（Cost Plus Fixed Fee，CPFF）。为卖方报销履行合同工作所发生的一切可列支成本，并向卖方支付一笔固定费用。该费用以项目初始估算成本的某一百分比计列。除非项目范围发生变更，否则费用金额维持不变。

210. 答案：C

参见 PMBOK®指南，第 479 页，12.1.3.6 节。

自制或外购决策

通过自制或外购分析，做出某项特定工作最好由项目团队自己完成，还是需要从外部渠道采购的决策。

211. 答案：B

参见 PMBOK®指南，第 488 页，12.2.2.5 节。

人际关系与团队技能

适用于本过程的人际关系与团队技能包括谈判。谈判是为达成协议而进行的讨论。采购谈判是指在合同签署之前，对合同的结构、各方的权利和义务，以及其他条款加以澄清，以便双方达成共识。最终的文件措辞应该反映双方达成的全部一致意见。谈判以签署买方和卖方均可执行的合同文件或其他正式协议而结束。谈判应由采购团队中拥有合同签署职权的成员主导。项目经理和项目管理团队的其他成员可以参加谈判并提供必要的协助。

项目相关方管理

（PMBOK®指南第 13 章）

212. 答案：B

参见 PMBOK®指南，第 503~504 页，13 节。

项目相关方管理

项目相关方管理包括用于开展下列工作的各个过程：识别能够影响项目或会受项目影响的人员、团体或组织，分析相关方对项目的期望和影响，制定合适的管理策略来有效调动相关方参与项目决策和执行。

用这些过程分析相关方期望，评估他们对项目或受项目影响的程度，以及制定策略来有效引导相关方支持项目决策、规划和执行。这些过程能够支持项目团队的工作。

213. 答案：B

参见 PMBOK®指南，第 503~504 页，13 节。

项目相关方管理过程包括：

13.1 识别相关方——识别相关方是定期识别项目相关方，分析和记录他们的利益、参与度、相互依赖性、影响力和对项目成功的潜在影响的过程。

13.2 规划相关方参与——规划相关方参与是根据相关方的需求、期望、利益和对项目的潜在影响，制定项目相关方参与项目的方法的过程。

13.3 管理相关方参与——管理相关方参与是与相关方进行沟通和协作，以满足其需求与期望，处理问题，并促进相关方合理参与的过程。

13.4 监督相关方参与——监督项目相关方关系，并通过修订参与策略和计划来引导相关方合理参与项目的过程。

214. 答案：C

参见 PMBOK®指南，第 523 页，13.3 节。

管理相关方参与

管理相关方参与是与相关方进行沟通和协作以满足其需求与期望、处理问题，并促进相关方合理参与的过程。本过程的主要作用是，让项目经理能够提高相关方的支持，并尽可能降低相关方的抵制。本过程需要在整个项目期间开展。图 13-7 描述了本过程的输入、工具与技术和输出。图 13-8 是本过程的数据流向图。

215. 答案：C

参见 PMBOK®指南，第 516 页，13.2 节。

规划相关方参与

规划相关方参与是根据相关方的需求、期望、利益和对项目的潜在影响，制定项目相关方参与项目的方法的过程。本过程的主要作用是，提供与相关方进行有效互动的可行计划。本过程应根据需要在整个项目期间定期开展。

（在 PMBOK®指南第 5 版中，这个过程被称为"规划相关方管理"。）

216. 答案：A

参见 PMBOK®指南，第 523 页，13.3 节。

管理相关方参与

管理相关方参与是与相关方进行沟通和协作以满足其需求与期望、处理问题，并促进相关方合理参与的过程。本过程的主要作用是，让项目经理能够提高相关方的支持，并尽可能降低相关方的抵制。本过程需要在整个项目期间开展。图 13-7 描述了本过程的输入、工具与技术和输出。图 13-8 是本过程的数据流向图。

217. 答案：D

参见 PMBOK®指南，第 530 页，13.4 节。

监督相关方参与

监督相关方参与是监督项目相关方关系，并通过修订参与策略和计划来引导相关方合理参与项目的过程。本过程的主要作用是，随着项目进展和环境变化，维持或提升相关方参与活动的效率和效果。本过程需要在整个项目期间开展。图 13-9 描述了本过程的输入、工具与技术和输出。图 13-10 是本过程的数据流向图。

218. 答案：C

参见 PMBOK®指南，第 512 页，13.1.2.4 节。

数据表现

权力利益方格、权力影响方格或作用影响方格。基于相关方的职权级别（权力）、对项目成果的关心程度（利益）、对项目成果的影响能力（影响），或改变项目计划或执行的能力，每种方格都可用于对相关方进行分类。对于小型项目、相关方与项目的关系很简单的项目，或相关方之间的关系很简单的项目，这些分类模型非常实用。

219. 答案：D

PMBOK®指南，第 514 页，13.1.3.1 节。

相关方登记册

相关方登记册是识别相关方过程的主要输出。它记录关于已识别相关方的信息，包括（但不限于）：

身份信息。 姓名、组织职位、地点、联系方式，以及在项目中扮演的角色。

评估信息。 主要需求、期望、影响项目成果的潜力，以及相关方最能影响或冲击的项目生命周期阶段。

相关方分类。 用内部或外部，作用、影响、权力或利益，上级、下级、外围或横向，或者项目经理选择的其他分类模型，进行分类的结果。

220. 答案：D

参见 PMBOK®指南，第 521 页，13.2.2.5 节。

数据表现

相关方参与度评估矩阵

相关方参与度评估矩阵用于将相关方当前参与水平与期望参与水平进行比较。对相关方参与水平进行分类的方式之一，如图 13-6 所示。相关方参与水平可分为：

- 不了解型。不知道项目及其潜在影响。
- 抵制型。知道项目及其潜在影响，但抵制项目工作或成果可能引发的任何变更。此类相关方不会支持项目工作或项目成果。
- 中立型。了解项目，但既不支持，也不反对。

- 支持型。了解项目及其潜在影响，并且会支持项目工作及其成果。
- 领导型。了解项目及其潜在影响，而且积极参与以确保项目取得成功。

221. 答案：B

参见 PMBOK®指南，第 523 页，13.3 节。

管理相关方参与

管理相关方参与是与相关方进行沟通和协作以满足其需求与期望、处理问题，并促进相关方合理参与的过程。本过程的主要作用是，让项目经理能够提高相关方的支持，并尽可能降低相关方的抵制。本过程需要在整个项目期间开展。图 13-7 描述了本过程的输入、工具与技术和输出。图 13-8 是本过程的数据流向图。

222. 答案：C

参见 PMBOK®指南，第 523 页，13.3 节。

管理相关方参与

管理相关方参与是与相关方进行沟通和协作以满足其需求与期望、处理问题，并促进相关方合理参与的过程。本过程的主要作用是，让项目经理能够提高相关方的支持，并尽可能降低相关方的抵制。本过程需要在整个项目期间开展。图 13-7 描述了本过程的输入、工具与技术和输出。图 13-8 是本过程的数据流向图。

相关方影响项目的能力通常在初始阶段是最高的，随着项目的进展逐渐降低。项目经理负责相关方参与，并可要求项目发起人在需要时提

项目相关方管理 271

供协助。积极管理相关方的参与可以降低项目未能实现其目标的风险。

223. **答案：D**

参见 PMBOK® 指南，第 533~534 页，13.4.2 节。
监督相关方参与过程有如下工具与技术：
1. **数据分析**
   - 备选方案分析
   - 根本原因分析
   - 相关方分析
   - 相关方参与评估矩阵
2. **决策**
   - 多标准决策分析
   - 投票
3. **会议**
4. **沟通**
   - 反馈
   - 演示及其他口头沟通
   - 相关方映射表示
5. **人际关系与团队技能**
   - 积极倾听
   - 文化意识

224. **答案：B**

参见 PMBOK® 指南，第 512 页，13.1.2.4 节。

数据表现

权力利益方格、权力影响方格或作用影响方格。基于相关方的职权级别（权力）、对项目成果的关心程度（利益）、对项目成果的影响能力（影响），或改变项目计划或执行的能力，每种方格都可用于对相关方进行分类。对于小型项目、相关方与项目的关系很简单的项目，或相关方之间的关系很简单的项目，这些分类模型非常实用。

225. 答案：C

参见 PMBOK®指南，第 512~513 页，13.1.2.4 节。

数据表现

适用于本过程的数据表现技术包括（但不限于）相关方映射分析/表现。相关方映射分析和表现是一种利用不同方法对相关方进行分类的方法。对相关方进行分类有助于团队与已识别的项目相关方建立关系。常见的分类方法包括：

权力利益方格、权力影响方格或作用影响方格。基于相关方的职权级别（权力）、对项目成果的关心程度（利益）、对项目成果的影响能力（影响），或改变项目计划或执行的能力，每种方格都可用于对相关方进行分类。对于小型项目、相关方与项目的关系很简单的项目，或相关方之间的关系很简单的项目，这些分类模型非常实用。

相关方立方体。这是上述方格模型的改良形式。本立方体把上述方格中的要素组合成三维模型，项目经理和团队可据此分析相关方并引导相关方参与项目。作为一个多维模型，它将相关方视为一个多维实体，更好地加以分析，从而有助于沟通策略的制定。

凸显模型。通过评估相关方的权力（职权级别或对项目成果的影响能力）、紧迫性（因时间约束或相关方对项目成果有重大利益诉求而导致需立即加以关注）和合法性（参与的适当性），对相关方进行分类。在凸显模型中，也可以用邻近性取代合法性，以便考察相关方参与项目工作的程度。这种凸显模型适用于复杂的相关方大型社区，或在相关方社区内部存在复杂的关系网络。凸显模型可用于确定已识别相关方的相对重要性。

影响方向。可以根据相关方对项目工作或项目团队本身的影响方向，对相关方进行分类。

226. 答案：C

参见 PMBOK®指南，第 527 页，13.3.2.3 节。

人际关系与团队技能

积极倾听。积极倾听技术包括告知已收到、澄清与确认信息、理解，以及消除妨碍理解的障碍。

文化意识。文化意识指理解个人、群体和组织之间的差异，并据此调整项目的沟通策略。具有文化意识并采取后续行动，能够最小化因项目相关方社区内的文化差异而导致的理解错误和沟通错误。文化意识和文化敏感性有助于项目经理依据相关方和团队成员的文化差异和文化需求对沟通进行规划。

领导力。成功的相关方参与要求强有力的领导力技能与相关方沟通愿景和期望，以便相关方支持工作和项目成果。

网络。网络确保获取有关相关方参与程度的信息。

政治意识。政治意识有助于项目经理在项目期间引导相关方参与，以保持相关方的支持。

附录 X3

(敏捷型、迭代型、适应型和混合型项目环境)

227. 答案：C

参见 PMBOK®指南，第 665 页，X3.1 节。

项目生命周期的连续区间

要理解适应型项目中的过程应用，就要先理解项目生命周期的连续区间。PMBOK®指南的术语表将项目生命周期定义为项目从开始到结束所经历的一系列阶段。项目生命周期内通常有一个或多个阶段与产品、服务或成果的开发相关。这些阶段称为开发生命周期。开发生命周期可分为预测型（计划驱动型）、适应型（敏捷型）、迭代型、增量型或混合型。

228. 答案：A

参见 PMBOK®指南，第 667 页，X3.2.1 节。

基于迭代的顺序阶段

适应型项目往往可分解为一系列先后顺序进行的、被称为"迭代期"的阶段。在每个迭代期都要利用相关的项目管理过程。这些迭代期构成了可预测、时间固定、预先商定、连贯和有助于制订进度计划的时段节拍。

重复开展项目管理过程组会产生管理费用。为了有效管理高度复杂且充满不确定性和变更的项目，这种管理费用是必要的。在基于迭代的各个阶段，所需的投入水平，如图 X3-2 所示。

X3.2.2 持续进行的交叠阶段

高度适应型项目往往在整个项目生命周期内持续实施所有的项目管理过程组。受来自精益思维的技术的启发，这种方法往往被称为"持续且适应式规划"。它承认：工作一旦开始，计划就需根据新情况而改变。其目的是，不断调整和改进项目管理计划的所有要素，而不局限在迭代中的预定检查点。这种方法中的过程组相互作用，如图 X3-3 所示。

这种高度适应型方法要求不断地从工作优先级清单中提取任务。其目的在于通过删去迭代期的开始活动和结束活动，将用于重复管理过程组的管理费用最小化。不断提取任务的做法可被视为"微型迭代"，旨在最大化用于执行而非管理的时间。不过这种做法仍然需要有自身的规划、跟踪和调整机制，以确保其既不脱离正轨又能适应变更。

229. 答案：C

参见 PMBOK®指南，第 668 页，X3.2.2 节。

范围管理不是一个适应环境下的过程组。

X3.3.1　启动过程组
X3.3.2　规划过程组
X3.3.3　执行过程组
X3.3.4　监控过程组
X3.3.5　收尾过程组

230. 答案：B

参见 PMBOK®指南，第 671 页，X3.2.4 节。

监控过程组

监控过程组指的是跟踪、审查和调整项目进展与绩效，识别必要的计划变更并启动相应变更所需的一组过程。

在迭代型、敏捷型和适应型方法中，通过维护未完项清单，对进展和绩效进行跟踪、审查和调整。在项目团队的协助（分析并提供有关技术依赖关系的信息）下，业务代表对未完项进行优先级排序。基于业务优先级和团队能力，提取未完项清单最前面的任务，供下一个迭代期完成。业务代表在听取项目团队的技术意见之后，评审变更请求和缺陷报告，排列所需变更或补救的优先级，并列入工作未完项清单。

231. 答案：B

参见 PMBOK®指南，第 669 页，X3.3.2 节。

规划过程组

规划过程组是明确项目范围、细化目标，为实现目标制定行动方针的一组过程。通常，高预测型项目生命周期的特点是，项目范围变更很少，以及相关方之间有高度共识。这类项目会受益于前期的详细规划。适应型生命周期的特点是，先基于初始需求制订一套高层级的计划，再逐渐把需求细化到适合特定规划周期所需的详细程度。因此，预测型和适应型生命周期的主要区别在于：做多少规划工作，以及什么时间做。

附录 X4

（知识领域关键概念总结）

232. 答案：A

参见 PMBOK®指南，第 673 页，X4.1 节。

项目整合管理的核心概念包括：

项目整合管理是项目经理的具体职责，不能委托或转移。项目经理要整合所有其他知识领域的成果，以提供与项目总体情况有关的信息。项目经理必须对整个项目承担最终责任。

项目和项目管理具有整合性质，大多数任务涉及不止一个知识领域。

项目管理过程组内部和项目管理过程组之间的过程存在迭代型关系。

项目整合管理指的是：

- 确保项目可交付成果的最终交付日期、项目生命周期及效益实现计划保持一致；
- 提供可实现项目目标的项目管理计划；
- 确保创造合适的知识以运用到项目中，并从项目中汲取知识；
- 管理项目绩效和项目活动的变更；
- 做出针对影响项目的关键变更的综合决策；
- 衡量和监督进展，并采取适当的措施；
- 收集、分析项目信息，并将其传递给有关的相关方；
- 完成全部项目工作，正式关闭各个阶段、合同及整个项目；
- 管理可能需要的阶段过渡。

233. 答案：B

参见 PMBOK®指南，第 674 页，X4.2 节。

项目范围管理的核心概念包括：

范围可以指产品范围（产品、服务或成果具有的特性和功能），或项目范围（为交付具有特定特性和功能的产品、服务或成果而开展的工作）。

项目生命周期的连续区间涵盖预测型、适应型或敏捷型。在预测型生命周期中，项目开始时就对项目可交付成果进行定义，对任何范围变化都要进行渐进管理；在适应型或敏捷型生命周期中，可交付成果经过多次迭代，详细范围得到了定义，并且在每次迭代开始时完成审批。

应该根据项目管理计划来衡量项目范围的完成情况，根据产品需求来衡量产品范围的完成情况。

234. 答案：C

参见 PMBOK®指南，第 674 页，X4.3 节。

项目进度管理的核心概念包括：

- 项目进度规划提供项目以何种方式及何时在规定的项目范围内交付产品、服务和成果的详细计划。
- 项目进度计划是沟通和管理相关方期望的工具，以及制作绩效报告的基础。

在可能的情况下，应在整个项目期间保持项目进度计划的灵活性，以根据获得的知识、对风险的深入理解和增值活动调整计划。

235. 答案：D

参见 PMBOK®指南，第 674 页，X4.4 节。

项目成本管理的核心概念包括：

- 项目成本管理主要关注完成项目活动所需的资源成本，但它也要考虑到项目决策对后续多次使用、维护和支持项目可交付成果所需成本的影响。
- 不同的相关方会在不同的时间、用不同的方法测算项目成本，因此应明确考虑管理成本的相关方需求。
- 预测和分析项目产品的潜在财务绩效可能在项目以外进行，或作为项目成本管理的一部分。

236. 答案：A

参见 PMBOK®指南，第 675 页，X4.5 节。

项目质量管理的核心概念包括：

- 项目质量管理需要兼顾项目管理与项目可交付成果两个方面，它适用于所有项目，无论项目的可交付成果具有何种特性。质量的测量方法和技术需视专门针对项目所产生的可交付成果类型而定。
- 质量和等级是不同的概念。质量是"一系列内在特性满足要求的程度"（ISO 9000），而等级是对用途相同但技术特性不同的可交付成果的级别分类。项目经理及团队要负责权衡，以便同时达到所要求的质量与等级水平。
- 预防胜于检查。最好是在设计时考虑可交付成果的质量，而不是在检查时发现质量问题。预防错误的成本通常远低于在检查或使用中发现并纠正错误的成本。
- 项目经理可能需要熟悉抽样。属性抽样的结果为合格或不合格，而变量抽样指的是在连续的量表上标明结果所处的位置，以表明合格的程度。

- 很多项目会为项目和产品衡量确立公差（结果的可接受范围）和控制界限（在统计意义上稳定的过程或过程绩效的普通差异的边界）。
- 质量成本（Cost of Quality，COQ）包括在产品生命周期中为预防不符合要求、为评价产品或服务是否符合要求，以及因未达到要求（返工）而发生的所有成本。质量成本通常关注项目集管理、项目组合管理、PMO 或运营。
- 当质量整合到项目和产品规划和设计中时，以及组织文化意识致力于提高质量时，就能达成最有效的质量管理。

237. 答案：B

参见 PMBOK®指南，第 676 页，X4.6 节。

项目资源管理的核心概念包括：

- 项目资源包括物质资源（设备、材料、设施和基础设施）和团队资源（担任项目角色及承担相关职责的人员）。
- 管理团队资源和物质资源需要不同的技能和能力。
- 项目经理应同时是项目团队的主管和经理，而且应在聘用、管理、激励和授权团队成员方面做出适当的努力。
- 项目经理应了解影响团队的因素，例如，团队环境、团队成员所在的地理位置、相关方之间的沟通、组织变更管理、内部和外部政治、文化问题，以及组织的独特性。
- 项目经理还负责积极培养团队技能和能力，同时提高并保持团队的满意度和积极性。
- 物质资源管理着眼于以有效和高效的方式，分配和使用成功完成项目所需的物质资源，而无法有效管理和控制资源可能降低项目顺利完工的概率。

238. 答案：C

参见 PMBOK® 指南，第 676~677 页，X4.7 节。

项目沟通管理的核心概念包括：

- 沟通是个人和/或小组之间有意或无意的信息交换过程，它描述的是，无论通过活动（如会议和演示等）或人为要素（如电子邮件、社交媒体、项目报告或项目文档等），信息得以发送或接收的方式。项目沟通管理同时处理沟通过程、沟通活动和人为要素的管理。
- 有效的沟通会在不同相关方之间建立桥梁。相关方的差异通常会对项目执行或成果产生冲击或影响，因此，所有沟通必须清楚、简洁，这一点至关重要。
- 沟通活动包括内部和外部、正式和非正式、书面和口头。
- 沟通可上达至相关方高级管理层、下至团队成员，或横向至同级人员。这将影响信息的格式和内容。
- 通过语言、面部表情、示意和其他行动，沟通会有意识或无意识地发生，它包括为合适的人为沟通要素制定策略和计划，并应用技能以提升有效性。
- 为了防止误解和错误传达需做出努力，而沟通方式、信息传递方和信息都应经过认真选择。

- 有效的沟通依靠定义沟通的目的、理解信息接收方，以及对有效性进行监督。

239. 答案：D

参见 PMBOK® 指南，第 677 页，X4.8 节。
项目风险管理的核心概念包括：

- 所有项目都有风险。组织应选择承担项目风险，以便创造价值并在风险和奖励之间取得平衡。
- 项目风险管理的目的在于，识别并管理其他项目管理过程中未处理的风险。
- 每个项目中都存在两个级别的风险：单个风险指的是一旦发生，会对一个或多个项目目标产生积极或消极影响的不确定事件或条件；整体项目风险指的是不确定性对项目整体的影响，它代表相关方面临的项目结果可能的积极和消极变化。这些影响源于包括单个风险在内的所有不确定性。项目风险管理过程要处理这两个项目级别上的风险。
- 一旦发生，单个风险可能对项目目标产生积极或消极的影响，而整体项目风险也有积极或消极之分。
- 在项目生命周期内，风险将持续涌现，所以项目风险管理过程也应不断重复。
- 为了对特定项目的风险进行有效管理，项目团队需要认清在努力实现项目目标过程中，什么级别的风险敞口可以接受。这一点由反映组织与项目相关者风险偏好的可测量风险临界值来确定。

240. 答案：A

参见 PMBOK®指南，第 678 页，X4.9 节。

项目采购管理的核心概念包括：

- 项目经理应足够熟悉采购过程，以便制定合同和与合同有关的明智决策。
- 采购所涉及的协议描述双方，即买方和卖方之间的关系。协议可以简单或复杂，但采购方法应反映采购的复杂程度。协议可以是合同、服务水平协议、谅解、协议备忘录或采购订单。
- 协议必须遵守当地、所在国及国际法中与合同有关的法律规定。
- 与采购专家合作以确保遵守组织政策的同时，项目经理还应确定所有采购都能满足项目的具体需要。
- 鉴于其法律约束力，协议需要经过更多的审批程序，通常会包括法务部，以确保它对产品、服务或卖方同意提供的成果有充分的描述，且其符合法律和法规关于采购的规定。
- 复杂项目可能需要同时或先后管理多个合同，而买卖方关系存在于项目的许多级别上，以及采购组织内部与外部组织之间。

241. 答案：B

参见 PMBOK®指南，第 678 页，X4.10 节。

项目相关方管理的核心概念包括：

- 每个项目都有相关方，他们会受项目的积极或消极影响，或者能对项目施加积极或消极的影响。部分相关方影响项目工作或成果的能力有限，而有些相关方会对项目及期望成果有重大影响。

- 项目经理和团队正确识别并以适当方式吸引所有相关方参与的能力，可以最终决定项目的成功或失败。
- 要提高成功的概率，相关方识别和吸引其参与的过程应该在项目章程中获得批准、项目经理已被任命，而且团队开始组建之后尽快启动。
- 有效相关方参与的关键在于，关注与所有相关方保持持续沟通，应该把相关方的满意程度视为关键项目目标来识别和管理。
- 为了实现项目效益，识别相关方和吸引相关方参与的过程需重复开展，而且应定期接受审查和更新，尤其在项目推进到新的阶段，或组织或更大范围内的相关方群体发生重大变化时。

附录 X5

(知识领域裁剪考虑因素总结)

242. 答案：D

参见 PMBOK®指南，第 680 页，X5.3 节。

项目进度管理

根据 PMBOK®指南第 6 版，治理通常是在项目范围管理知识领域中进行调整，而不是在项目进度管理阶段被定义为一个知识领域。具体定义如下：

生命周期方法。哪种生命周期方法最适合制订详细的进度计划？

项目维度。项目复杂性、技术不确定性、产品新颖度、速度或进度跟踪（如挣值管理、完成百分比、"红黄绿"停止信号灯指示）如何影响预期的控制水平？

治理。组织是否有正式或非正式的审计和治理政策、程序和指导方针？

243. 答案：C

参见 PMBOK®指南，第 681 页，X5.5 节。

项目质量管理

相关方参与。项目环境是否有利于与相关方及供应商合作？

政策合规与审计。组织有哪些质量政策和程序？组织使用哪些质量工具、技术和模板？

项目复杂性、不确定性、产品新颖性。这些都是项目管理中的重要概念，然而，它们通常并不是量身定制的。

标准与法规合规性。是否存在必须遵守的行业质量标准？需要考虑哪些政府、法律或法规方面的制约因素？

244. 答案：C

参见 PMBOK®指南，第 682 页，X5.6 节。

项目资源管理

多样性。团队的多样性背景是什么？

物理位置。团队成员和物质资源的物理位置在哪里？

团队成员的数量。团队成员的数量应该反映出所有需要完成的工作才能达到项目的目的。这不是裁剪活动的主要关注点。

生命周期方法。项目采用哪些生命周期方法？

245. 答案：D

参见 PMBOK®指南，第 683 页，X5.8 节。

项目风险管理

项目复杂性。高水平创新、新技术、商务安排、相互联系或外部依赖关系会增加项目复杂性，它们是否需要稳健的风险管理方式？或者项目是否够简单，用简化的风险管理过程就足以满足需求？

项目重要性。项目有多大的战略重要性？此项目的风险级别升高，是否是因为它以创造突破性机会、克服组织绩效障碍为目标，或牵涉到重要的产品创新？

项目规模。项目规模是否需要依据预算、持续时间、范围或团队规模进行调整，并采取更详细的风险管理方式？或者它是否够小，用简化的风险管理过程就足以应对？

项目持续时间。这不是一个在风险管理中考虑裁剪的概念。

246. 答案：D

参见 PMBOK®指南，第 684 页，X5.10 节。

项目相关方管理

相关方关系的复杂性。相关方群体内的关系有多复杂？相关方或相关方群体加入的网络越多，相关方所处的信息及错误信息网络就越复杂。

相关方多样性。现有多少相关方？相关方群体中的文化多样性如何？

沟通技术。可以使用的沟通技术有哪些？为了实现技术的最大价值，目前采用怎样的支持机制。

相关方参与。这是与相关方沟通和合作的过程，以满足他们的需求和期望，解决问题，并促进适当的相关方参与。

247. 答案：D

参见 PMBOK®指南，第 681 页，X5.4 节。

项目成本管理

估算和预算。组织是否拥有正式或非正式的、与成本估算和预算相关的政策、程序和指南？

挣值管理。组织是否采用挣值管理来管理项目？

治理。组织是否拥有正式或非正式的审计和治理政策、程序和指南？

持续改进。在项目中如何管理持续的过程改进？是在组织层面还是在每个项目层面进行管理？这些需要在对项目质量管理的裁剪过程中给予考虑。

# 术语表

248. 答案：A

参见 PMBOK®指南，第 199 页，6.4.1.2 节和术语表。

资源需求。工作包中的每个活动所需的资源类型和数量。

249. 答案：B

参见 PMBOK®指南，第 19 页，1.2.4.1 节和术语表。

适应型生命周期。迭代型或增量型项目生命周期。

250. 答案：C

参见 PMBOK®指南，第 200 页，6.4.2.2 节和术语表。

类比估算。使用相似活动或项目的历史数据，来估算当前活动或项目的持续时间或成本的技术。

251. 答案：D

参见 PMBOK®指南，术语表。

假设。在规划过程中不需要验证即可视为正确、真实或确定的因素。

252. 答案：A

参见 PMBOK®指南，第 204 页，6.4.3.2 节和术语表。

估算依据。支持性文件，列出在建立项目中所使用的细节，如假设、制约、详细程度、范围和信任等级。

253. 答案：B

参见 PMBOK®指南，第 30 页，1.2.6.1 节和术语表。

商业论证。指文档化的经济可行性研究报告，用来对尚缺乏充分定义的所选方案的收益进行有效性论证，是启动后续项目管理活动的依据。

254. 答案：C

参见 PMBOK®指南，术语表。

核对单分析。使用清单来系统审核材料的准确性及完整性的一种技术。

255. 答案：D

参见 PMBOK®指南，第 369~370 页，10.1.2.2 节和术语表。

沟通需求分析。分析沟通需求，确定项目相关方的信息需求，包括所需信息的类型和格式，以及信息对相关方的价值。

256. 答案：B

参见 PMBOK®指南，第 245 页，7.2.2.6 节和术语表。

应急储备。在进度或成本基准内，为主动应对已知风险而分配的时间或资金。

257. 答案：B

参见 PMBOK®指南，第 282 页，8.1.2.3 节和术语表。

质量成本。在整个产品生命周期所产生的所有成本，即为预防产品或服务不符合要求而进行的投资，为评估产品或服务是否符合要求而产生的成本，以及因产品或服务未达到要求而带来的损失。

258. 答案：C

参见 PMBOK®指南，术语表。

关键路径活动。在项目进度计划中，位于关键路径上的任何活动。

259. 答案：D

参见 PMBOK®指南，第 191 页，6.3.2.2 节和术语表。

总浮动时间。在不延误项目完成日期或违反进度制约因素的前提下，进度活动可以从其最早开始日期推迟或拖延的时间量。

260. 答案：A

参见 PMBOK®指南，第 19 页，1.2.4.1 节和术语表。

增量型生命周期。一种适应型项目生命周期，它是通过在预定的时间区间内渐进增加产品功能的一系列迭代来产出可交付成果。只有在最后一次迭代之后，可交付成果具有了必要和足够的能力，才能被视为完整的。

261. 答案：B

参见 PMBOK®指南，第 19 页，1.2.4.1 节和术语表。

迭代型生命周期。一种项目生命周期，项目范围通常于项目生命周期的早期确定，但时间及成本估算将随着项目团队对产品理解的不断深入而定期修改。迭代方法是通过一系列循环来开发产品。

262. 答案：C

参见 PMBOK®指南，第 19 页，1.2.4.1 节和术语表。

预测型生命周期。在生命周期的早期阶段确定项目范围、时间和成本。

263. 答案：D

参见 PMBOK®指南，第 185 页，6.2.2.3 节和术语表。

渐进明细。在项目管理计划中增加详细信息的迭代过程，以获得更多的信息和更准确的估计。

264. 答案：A

参见 PMBOK®指南，第 290 页，8.2 节和术语表。

质量审计。指用于确定项目活动是否遵循了组织和项目的政策、过程与程序的一种结构化且独立的过程。

265. 答案：B

参见 PMBOK® 指南，第 317 页，9.1.2.2 节和术语表。

RACI 图。责任分配矩阵的一种常见类型，使用执行、负责、咨询和知情等词语来定义相关方在项目活动中的参与状态。

266. 答案：C

参见 PMBOK® 指南，第 325 页，9.2.3.1 节和术语表。

需求文件。关于各种单一需求将如何满足项目商业需求的描述。

267. 答案：D

参见 PMBOK® 指南，第 448 页，11.5.3.3 节和术语表。

残余风险。采取风险应对措施之后仍然存在的风险。

268. 答案：A

参见 PMBOK® 指南，第 211 页，6.5.2.3 节和术语表。

资源平衡。一种资源优化技术，对项目进度计划进行调整以优化资源分配，并可能影响关键路径。参见"资源优化技术"和"资源平滑"。

269. 答案 B

参见 PMBOK® 指南，第 185 页，6.2.2.3 节和术语表。

滚动式规划。一种迭代式的规划技术，即详细规划近期要完成的工作，同时在较高层级上粗略规划远期工作。

270. 答案 C

参见 PMBOK®指南，第 254 页，7.3.3.1 节和术语表。

成本基准。经过批准的、按时间段分配的项目预算，不包括任何管理储备，只有通过正式的变更控制程序才能进行变更，用作与实际结果进行比较的依据。

271. 答案 D

参见 PMBOK®指南，第 161 页，5.4.3.1 节和术语表。

范围基准。经过批准的范围说明书、工作分解结构和相应的 WBS 词典，能够通过正式的变更控制程序进行变更，并被用作与实际结果进行比较的依据。

272. 答案：A

参见 PMBOK®指南，第 478 页，12.1.3.5 节和术语表。

供方选择标准。买方提出的一套标准，卖方只有满足或超过这些标准，才有可能被授予合同。

273. 答案：B

参见 PMBOK®指南，第 477 页，12.1.3.4 节和术语表。
工作说明书。对项目需交付的产品、服务或成果的叙述性说明。

274. 答案：C

参见 PMBOK®指南，第 28 页，1.2.5 节和术语表。

裁剪。确定过程、输入、工具、技术、输出和生命周期阶段的恰当组合以管理项目。

275. 答案：D

参见 PMBOK®指南，第 296 页，8.2.3.2 节和术语表。

测试与评估文件。描述用于确定产品是否达到质量管理计划中规定的质量目标的各种活动的项目文件。

276. 答案：A

参见 PMBOK®指南，第 570 页，3 节和术语表。

工作分解结构。对项目团队为实现项目目标、创建所需可交付成果而需要实施的全部工作范围的层级分解。

277. 答案：B

参见 PMBOK®指南，第 161 页，5.4.3.1 节和术语表。

工作包。工作分解结构最低层的工作，针对这些工作来估算并管理成本和持续时间。